영화가 그린 교육, 교육자를 기린 영화

가르치는 길

정일화 저

학지사

펴내며

스필버그 감독은 "영화의 힘은 문헌보다 훨씬 더 강하다."라고 말합니다. 2008년 대학원 첫 강의에서 영화를 곁들이니 호응이 좋고 의미도 자못 크다고 느꼈습니다. 이후 줄곧 여러 나라의 영화에 비친 헌신적인 교육자의 모습과 어제와 오늘의 교육을 엿보며 시사점을 찾는 책을 내고 싶은 바람을 품고 지내면서 수차례 집필을 도모했지만, 뜻과 같이 되지 않았습니다. 언젠가를 기약하며 지내다가 작심하고 시작한 지 3년을 넘겨 마무리를 앞두고 보니, 숙성해서 제때를 맞췄다는 생각에 감사한 마음입니다.

이 책은 우리나라 어린이집 아동의 연령층과 일부 겹치는 유치원부터 대학에 걸친 실화를 주로 다루었습니다. 원고를 쓰기 위해 본 300여 편의 교육 관련 영화 가운데 가려내어 다룬 대부분은 실화나 원작자의 삶에서 직간접적인 영감을 얻은 작품입니다. 허구라 하더라도 실제가 투영되기 때문에 세상과 동떨어지지 않는다는 생각입니다.

영화를 직접 접할 때의 감동과는 별개로, 이 책은 교육적 메시지에 집중했습니다. 지면의 제약으로 인해 축약하고자 대사를 의역하고 깁고 다듬고 때로는 몇몇 장면을 묶어 압축하였습니다. 교육 영화 모음집의 의미를 더하기 위해 여러 영화의 대사를 간간이 곁들였습니다. 선정적이거나 폭력적으로 비치는 영상이 섞인 것은 청소년 시청이 가능한 등급일지라도 제외하고자 했으나, 전반적 가치와 문화적 차이를 참작하여 부득이 일부를 포함했습니다.

   어느 노년의 선생님은 자문합니다(〈굿바이 미스터 칩스〉, 1969). "과연 잘한 건가? 뭘 가르친 거지?" 저도 이분과 똑같은 스물다섯의 나이 때 교단에 첫발을 딛고서 어느덧 40년이 흐른 종착점에 이르러 지난날을 돌아봅니다. '나는 학생들에게 어떤 모습으로 비쳤을까?' 제가 걸어온 지난(至難)한 길을 떠올리며 쓴 이 책에서, 시련을 딛고 일어서는 삶의 전형으로 비춘 열혈 교육자의 인상(印象)이 교단뿐 아니라 삶의 난관을 헤쳐 나가는 모든 분의 힘을 북돋는 버팀돌이 되기를 소망합니다. 더불어, 질풍노도의 시기를 겪는 청소년들이, 어려움을 이겨 내는 영화 속 또래의 모습을 새겨서 저마다의 꿈을 이루는 디딤돌로 삼기를 바랍니다.

2025년 3월
정일화

차례

- 펴내며 _ 3
- [프롤로그] 영화가 초대한 내 마음의 선생님 _ 7

제1장 왜 교사를 하려고 하나요 • 17

언제나 마음은 태양(To Sir, with Love) _ 19
죽은 시인의 사회(Dead Poets Society) _ 28
프리덤 라이터스(Freedom Writers) _ 36
테이크 더 리드(Take the Lead) _ 47
홀랜드 오퍼스(Mr. Holland's Opus) _ 54

제2장 첫날 준비는 되었나요 • 63

론 클락 스토리(The Ron Clark Story) _ 65
클래스(The Class) _ 76
스탠드 앤 딜리버(Stand and Deliver) _ 87
미라클(Miracle) _ 97

차례

제3장 꼭 찾게 할 테다 • 105
미라클 워커(The Miracle Worker) _ 107
그레이트 디베이터스(The Great Debaters) _ 115
지상의 별처럼(Like Stars on Earth) _ 123
글로리 로드(Glory Road) _ 132

제4장 아이들 눈에 빛이 생겼어요 • 141
고독한 스승(Lean on Me) _ 143
빌리 엘리어트(Billy Elliot) _ 150
옥토버 스카이(October Sky) _ 156
우리는 마샬(We Are Marshall) _ 163

제5장 아이들 생각뿐이 없어요 • 169
오늘부터 시작이야(It All Starts Today) _ 173
코러스(The Chorus) _ 180
나의 펜싱 선생님(The Pencer) _ 190
굿바이 미스터 칩스(Goodbye, Mr. Chips) _ 197

- 에필로그 _ 207
- 참고영화 _ 209
- 참고문헌 _ 223

영화가 초대한 내 마음의 선생님

"잘못 탄 기차가 목적지에 데려다준다."라는 말과 비슷하게, 내가 어릴 적에는 꿈꾸지 못한 교단에서 정년에 이른 게 신비롭습니다. 철부지로 얼떨결에 선택한 사범대를 다닐 때 『굿바이 미스터 칩스』(1934)를 읽으면서 교직을 알아주는 지혜롭고 아리따운 아내를 만나 한평생 학생들과 즐겁게 생활하는 모습을 그려 보았고, 〈언제나 마음은 태양〉(1967)을 볼 때는 교단에 서고 싶은 마음이 꿈틀했습니다. 그렇지만 정작 이렇게 될지는 정말 모를 일이었습니다. 일찍이 초등학교 저학년 때 담임 선생님의 말씀을 따라 친구의 나머지 공부를 도와주고, 중학생 때 옆집의 초등학생 동생을 가르치고, 지금도 간직한 교육실습반 학생들의 "우리는 선생님의 가르침을 잊지 않으려 합니다. 선생님께서도 우리를 잊지 말아 주십시오."라는 작별 편지는 "네가 가야 할 길로 너를 인도한다(이사야 48, 17)."라는 성경 말씀처럼 나의 '교사 예정'을 살포시 암시한 게 아닐까 싶습니다.

프롤로그

　어렴풋한 교사의 길은 자연의 아름다움이 저절로 느껴지는 산기슭에 자리한 '사원(師苑)'을 오가면서 조금씩 다져지기 시작한 것 같습니다. 내가 학회장을 맡고 의기투합한 친구의 헌신으로 창간한 『선금교(仙琴橋)』(경희대학교, 1984)에 실린 '바람직한 선생님'에 대한 바람이 담긴 다음과 같은 학우들의 한마디 한마디는 교직의 의미를 진중하게 새기고 학생을 아끼는 마음을 뿌리내리게 한 토양과 자양분이 되었습니다.

> 초등학교 때 선생님이 너무 좋아서 나도 커서 인자한 선생님이 되어야지 결심한 것을. 중학교 때 심훈의 『상록수』를 읽고 마음을 굳혔다. 조그만 나무 한 그루 한 그루에 정성과 사랑을 쏟는 선생님이 되고 싶다. 교사가 학생의 일생에 미치는 영향을 생각하여 말과 행동에 모범을 보이고 골고루 잘 보살피겠다. 길잡이 역할을 하신 보석 같은 나의 선생님의 의식을 거름 삼아 나를 키운 것처럼, 학생들에게 꿈과 의식을 키워 줄 수 있는 신선한 교사를 꿈꾼다.

　교육실습은 교사의 직분이 내게 꽤 어울린다고 깨닫게 한 시간으로, 그 당시의 실습일지에다 소감을 이렇게 적었습니다. "마지막 날을 하루 남기고 아쉬운 마음으로 수업을 하니 학생들이 더욱 귀엽고 애착이 간다. 그동안 고생스러웠으나 뜻있는 시간이었던 것 같다. 소명감이 없으면 교육계에 발을 들이기가 위험한 일일 수 있음을 통감했다. 나의 적성과 뜻을 새삼 느끼게 해 준 기간이었다."

그런데 문학 활동에 빠져 지낸 고등학교 때의 연장선에서 친구들과 어울려 보내기를 좋아한 나는 공립학교 임용시험 준비는 염두에 두지 않고 사립학교에서 가르치면 되리라는 안이한 생각으로 사회에 나섰습니다. 당시는 교직에 발을 딛기가 비교적 수월한 시절이었지만 나에게는 녹록하지 않았습니다. 나의 부족함 때문인지 소아마비 장애 때문인지 면접을 본 학교마다 돌아서야 했습니다. 임시교사 생활로 띄엄띄엄 두 해를 보낸 뒤, 한국사학재단연합회가 시행한 '사립 중등학교 교원 신규 임용 후보자 전형'에 합격하고도 이곳저곳 면접을 거치고서야 겨우 교단에 설 수 있었습니다.

시각 장애를 딛고 교단에 선 어느 교사는 이렇게 말합니다(〈선생님의 아이들, 아이들의 선생님〉, 2014). "시험에서 떨어지고 가슴이 아픈 그 시간이 약이 되어 학생들을 이해하는 데 밑거름이 된 것 같아요." 상처는 진주를 품게 하고 시련은 성숙의 밑거름이 되는 것처럼, 저 역시 어렵게 얻은 교직이기에 '가르침'의 직분은 소중하게 다가왔습니다. 이후에도 이어진 이런저런 고배는 역설적으로 이 글을 쓰는 이 자리로 이끈 보호막이 되고, 홀벌이로 가정을 건사하느라 뒤늦게 밟은 박사과정을 마치고도 줄곧 공부를 지속할 힘이 되었다는 생각이 듭니다. 지나고 보니, 예기치 않게 공립학교로 옮기게 되면서 공립과 사립의 중학교와 고등학교, 강사 신분으로 국립대와 사립대를 두루 경험할 기회를 부여받은 특전과도 같은 길이 아닐까도 싶습니다.

교직에서 비교적 순탄한 다른 해와 달리, 마흔 후반 나이에 접어든 2008년의 담임 교사 생활은 신경을 바짝 세우며 보냈습니다. 이를 지켜보던 정년을 앞둔 대선배는 네잎클로버로 장식해서 코팅한 「사랑의 기도」라는 제목의 시를 선물로 주시며 저를 격려했습니다. "언제나 학생들 때문에 / 속이 상하고 힘들어도 / 자식들처럼 / 감싸안고 / 그들을 좋은 길로 인도하기 위해 / 학생들에게 용기를 주고 / 길 잃은 한 마리의 양을 위해 / 노력하시는 그 모습들이 / 너무나도 하늘나라의 / '천사'의 모습으로 / 살아가시는 당신은 / 영원한 하늘나라의 '천사'가 되시기를 / 오늘도 두 손 모아 / 기도드립니다."

이렇듯 주변의 기도와 성원 덕에 몇 해 전에는 '선생님 사랑해요. 선생님의 모든 점이 아름답습니다. 항상 아름답게 수업해 주셔서 감사드립니다. 정신을 일깨워 바르게 성장할 수 있도록 지도해 주시고, 뒤처지는 학생이 없도록 모두를 격려해 주시고, 매일매일 좋은 말씀으로 용기를 북돋아 주십니다. 학생들과 항상 친밀하게 미래의 인생에 대한 멘토가 되어 주셔서 든든한 버팀목이라는 느낌을 받을 수 있었습니다.'라는 글을 받고, 새내기 교사인 제자에게 보낸 편지에 '정말 감사합니다. 선생님께서 주신 가르침과 사랑을 저도 학생들에게 많이 베풀겠습니다. 말씀대로 열심히 하겠습니다. 편지를 마음속에 깊이 새기고 힘들 때마다 다시 읽으며, 임용될 때 그 초심을 잃지 않고 성실하고 청렴하게 임하겠습니다.' 라는 답장을 보내오고(정일화, 2020), 퇴직쯤에 접어들어서까지 학생들이 종종 다음과 같은 쪽지를 보내어 저를 감동하게 하니 감사할 따름입니다. "열심히 가르쳐 주셔서 감사합니다." "일 년 동안 의미 있는 수업을 해 주셔서 감사합니다. 항상 행복한 일만 있기를 바라요." "평소에 선생님을 보면서 선생님 같은 사람이 되어야겠다는 생각을 많이 합니다." "선생님을 만나 교사의 꿈을 확신하게 되었어요." 최근에 한번은 한 학생이 〈죽은 시인의 사회〉(1989)의 주인공에 빗대어 분에 넘치는 비유로 제 기분을 띄워 주었습니다. "선생님은 키팅 같아요!" 학생들이 "다음 학년에도 담임 선생님이 되어 주세요. 선생님 덕분에 과학 시간, 생물 공부가 재미있어졌어요. 교직을 걷게 된다면 선생님처럼 그렇게 되고 싶어요."라는 글을 보낸 어느 학교의 교사처럼(물빛, 2023. 10. 23), 저도 이 같은 분들 틈에 옷깃이라도 걸친 것 같아 다행으로 생각합니다. 또한 얼마 전 교육대학원 수업 때 접한 어느 예비 교사의 글은 저의 마음에 생기를 환히 불어넣어 주고 행복감에 젖게 하였습니다.

> "내가 좋아하는 교육학자인 사무엘 울만의 「청춘(Youth)」이라는 시가 있다. 수업을 들으며 이 시의 주인공은 교수님이라는 생각이 들었다. 교

수님은 희끗희끗한 머리를 가지고 계시지만 언제나 청춘이신 것 같다. 이 시의 첫 구절은 이렇게 시작한다. '청춘이란 인생의 어떤 기간이 아니라 그 마음가짐이다. 장밋빛 뺨, 붉은 입술, 유연한 무릎이 아니라 늠름한 의지, 빼어난 상상력, 불타는 정열, 삶의 깊은 데서 솟아나는 샘물의 신선함이다.' 교수님처럼 언제나 청춘인 교사가 되고 싶다. 평생이 청춘인 인생을 살고 싶다."

오랫동안 가르치는 기쁨을 누리면서 마음이 뭉클해지는 과분한 찬사를 듣고, 사회에 나간 제자들과도 때때로 만나 정겨운 시간을 보내고 있으니, 고비를 헤치고 종착점에 닿은 이때 이런 생각이 듭니다. "세상살이가 그대를 속일지라도 슬퍼하거나 성내지 마라. 설움의 날을 참고 견디면 기쁨의 날이 반기리니……."라는 푸시킨의 시처럼, 그리고 그 누구한테가 아닌 자신한테만 증명하면 된다는 말마따나(〈루디 이야기〉, 1993; 정일화 외, 2024b), 주저앉고 싶은 여러 순간을 인고하며 하루하루 발걸음을 질기게 떼어 내며 여기에 이른 교직은 애초부터 제 천직이 아니었나 싶습니다.

이러한 삶의 터전인 교단에서의 경험과 깨우침을 들려준다는 마음으로 정년 막바지에 예비 교사를 가르치면서, 교직의 길을 비추는 '다짐'의 예시를 들어 달라는 요청을 받았습니다. 고심 끝에 히포크라테스와 나이팅게일 선서를 떠올려 다음과 같은 '사도(師道) 선서'를 고안했습니다(정일화 외, 2024a: 43). "나는 자애로운 교사가 되겠습니다. 나는 인류애가 가득한 길로 인도하는 교사가 되겠습니다. 나는 정의로운 교사가 되겠습니다. 나는 바른 언행의 모범인 교사가 되겠습니다. 나는 사명감을 가지고 가르치는 책임을 다하겠습니다." 이를 첫발을 뗄 때 다짐했다면 좋았을 텐데, 떠날 때가 되어서 되짚어 생각해 낸 아쉬움이 큽니다.

　이 선서에서 느낄 수 있듯이 나는 이상적인 교사상을 동경합니다. 제자와의 관계는 특히 그렇습니다.『내 생애의 아이들』(1993)에서는 이렇게 말합니다. "혈연관계를 초월하는 가장 신비로운 소유의 힘에 의하여 내가 그들의 한 부분이듯이 그들 또한 나의 한 부분이다(Roy, 1993: 264)." 그리고 헬렌 켈러는 "선생님은 나와 분리될 수 없는 존재다(Keller, 2005: 61)."라고 고백합니다. 실화를 그린 영화인 〈그레이트 디베이터스〉(2007)는 "나의 학생, 나의 선생님의 관계는 성스러운 신탁이다."라고 선언합니다. 〈울학교 이티〉(2008)의 교장은 "자식 포기하는 부모 봤니? 선생도 마찬가지다. 너 같은 애물단지도 제자이기 때문에 끝까지 포기할 수 없다."라면서 제자인 교사를 품습니다. 이런 대사는 제 가슴을 뭉클하게 합니다.

　이 책은 다른 나라의 영화를 다루지만, 다 내주면서 마냥 행복한『아낌없이 주는 나무』(Silverstein, 1964) 같은 선생님은 우리나라 영화에도 많습니다. 곯은 배를 물로 채우는 학생에게 자신의 점심 도시락을 내주는 강수하(〈내 마음의 풍금〉, 1999), 조손 가정

학생의 할머니 병원비를 위해 돈벌이에 나서는 이현우(〈꽃피는 봄이 오면〉, 2004), 할머니와 어렵게 사는 학생의 수업료를 대주는 천성근(〈울학교 이티〉, 2008), 처지가 딱한 역도부 아이들을 살뜰하게 살피는 이지봉(〈킹콩을 들다〉, 2009), 학생의 버스비를 챙겨 주는 이규호(〈땐뽀걸즈〉, 2017), 반항기의 학생을 티 내지 않고 보듬는 이동주(〈완득이〉, 2011), 사고뭉치 학생들을 착하게 변화시킨 정유진(〈천국의 아이들〉, 2012), 순수한 동심에 감화하여 교사의 제자리를 찾는 김봉두(〈선생 김봉두〉, 2003), 학생과의 갈등으로 교단을 떠나려다 신규 교사 때 미리 빈 교실에서 이름을 외우고 인사 연습까지 한 초심으로 되돌아온 여미옥(〈여선생 vs 여제자〉, 2004) 선생님이 그 예의 일부입니다.

교사의 가르침은 학생을 통해 교사 자신으로 향합니다. 〈선생님의 아이들, 아이들의 선생님〉(2014)의 교사는 이렇게 말합니다. "제자는 나를 성장시켜 주는 존재인 것 같아요. '열심히 하면 할 수 있어. 지금 이렇게 마음먹으면 충분히 할 수 있어.' 이렇게 흔히 말해도 그것에 대한 확신이 나에게 없을 수도 있는데, 실제로 해내는 아이들을 보면서 진짜 그렇다는 것을 느끼게 됩니다." 〈뮤직 오브 하트〉(1999)의 교사는 힘든 가정사로 인해 자포자기의 마음이었습니다. 하지만 지체장애 학생이 바이올린을 포기하려고 하자 "어렵다고 그만두어서는 안 된다. 다리로만 서는 게 아니다. 내면의 힘이 강해야 한다."라고 격려하고, 지쳐 가던 자신도 다시 힘을 냅니다. 〈루키〉(2002)의 화학 교사는 학창 시절 유망한 투수였으나 부상으로 꿈을 접고 야구부를 지도합니다. 학생 선수들은 자신들에게 꿈을 가지라고 북돋는 선생님도 꿈을 되살리라고 부추깁니다. 세 아이의 아빠인 교사는 선수로는 느지막한 서른을 넘긴 나이지만 학생들의 본보기가 되고자 도전하여 메이저리그에 서게 됩니다. 그리고 은퇴해서는 교단으로 돌아옵니다. 〈코러스〉(2004)의 선생님은 접었던 작곡을 다시 시작하면서 다짐합니다. "내게 힘을 주는 아이들 덕분에 이렇게 밤새워 작곡을 한다. 나는 해내리라!" 이같이 교직은 가르치지만, 실은 자신을 돌아보고 단련하는 자리입니다.

배움에 대한 열망을 담은 〈퍼스트 그레이더〉(2010)에는 "아이는 내일의 희망이다. 교육은 우리의 삶을 열어 갈 열쇠다." 그리고 히말라야의 외딴 마을이 배경인 〈교실 안의 야크〉(2019)에는 "선생님은 미래를 어루만진다."라는 대사가 나옵니다. 이처럼 중차대한 책임을 떠안은 교육자는 모든 게 늘 조심스럽습니다. 교사가 어떤 본을 보이고 어떻게 가르치는가에 따라 학생들은 달라집니다. 북경사범대학교의 교훈은 "학문으로는 사람의 스승이 되고, 행위로는 세상의 본보기가 되자."입니다. 헬렌 켈러는 자신이 손꼽는 좋은 모든 것은 설리번 선생님에게서 나왔고(Keller, 2005: 60), 선생님은 제자의 삶을 행복하고 유익하게 할 행동으로 모범을 보였다고 전합니다(Keller, 1996: 20).

나는 교사가 된 제자의 청출어람을 그리면서 '스승의 길'을 당부하고자 보낸 글을 모아 『새내기 교사론』(2020)으로 출간한 바 있습니다. 영화의 감동을 글로 옮긴 이 책은, 실수투성이인 지난날과 지금도 부족한 내 자신을 성찰하며 지은 지난 책에서 더 나아가, 난관을 뚫고 학생들의 변화를 이끄는 열혈 교사의 모습을 담은 '영화로 읽는 교사론'인 셈입니다. 날이 갈수록 교직의 자존감이 고갈되고 심신이 시달리는 교사 수난의 세태 속에서, '사표(師表)'로서 솔선수범을 마음같이 고수하기는 간단치 않습니다. 그렇지만, 모범이 되는 모습을 닮고자 하면 반 발짝이라도 더 뗄 수 있고 가르치는 가시밭길을 헤쳐 나갈 용기를 충전할 수 있지 않을까 싶습니다.

글을 쓰면서 독자 여러분이 생각할 여지를 넓히기 위해 덧붙이는 말을 줄이고자 했으나 오랫동안 몸에 밴 가르치려는 습성 때문에 그러하지 못했습니다. 책의 내용에서 영화보다 비약하게 느껴지는 부분은 상상의 나래를 펼친 탓이므로 양해를 구합니다. 어디든 사람 사는 게 거기서 거기지만 나라마다 유구한 문화와 처한 상황이 조금씩이라도 다르고 때로는 천차만별입니다. 교육도 별반 다르지 않을 터이니 영화에 비친 모습을 절대시하기보다는 참고로 받아들이면 좋겠습니다. 기회가 된다면 글로는 전달이 부족한 영화의 감동을 직접 접하기를 기대합니다. 이제 영화가 초대한 내 마음의 선생님을 만나러 길을 떠납니다.

언제나 마음은 태양

"왜 교사를 하려고 하나요?"

〈언제나 마음은 태양(To Sir, with Love)〉(1967)[1]은 시대가 변해도 간직하고 싶은 교사상(教師像)을 생각하게 한다. 이 영화의 원작은 브레이스웨이트(Braithwaite, 1912~2016)가 1959년에 출간한 동명의 자전적 소설이다. 주인공인 새커리 선생님은 엔지니어 일자리를 구하다가 도시 외곽에 자리한 자그맣고 열악한 학교의 임시교사로 간다.

교정에 들어선 새커리와 마주친 학생은 태연히 담배를 입에 문 채 빤히 바라본다. 교무실을 찾아 복도를 지나던 새커리는 수업 시간인데도 학생들끼리 떠드는 소리로 시끌벅적한 교실 안쪽을 들여다본다. 새커리는 이 반에 진저리를 치고 떠나 버린 교사의 빈자리를 메워야 한다. 교무실에서 여유롭게 신문을 보던 선배 교사는 대뜸 도살장의 새 희생양이냐고 물으며 그를 맞이한다. 새커리가 '교사'라고 바로잡자 선배는 그런 생각은 아예 지워 버리라고

---

[1] James Clavell 감독, Sidney Poitie 출연. 영국 제작.

되받는다.

교감은 교직원에게 새커리를 소개한다. 선배 교사는 자신이라면 되돌릴 수 있을 때 돌아가겠다는 말을 던진다. 교감은 학교에 머물 용기를 불어넣어 달라고 당부한다. 이틀 앞서 온 교사는 그의 처지에 공감하면서 난감함을 내비친다. "저도 똑같았어요. 견딜 만하지만 험한 아이들을 어떻게 대해야 할지 잘 모르겠어요."

"왜 교사를 하려고 하나요?" 교장은 이 질문을 받고 머뭇거리는 새커리에게 각오를 새겨 준다. "학생들 대부분은 다른 데에서 퇴학당해 온 막다른 아이들입니다. 우리는 이 아이들을 돕고 가르쳐야 합니다. 나와 교직원이 거들겠지만 성패는 오롯이 선생님의 몫입니다. 하시겠습니까?" 새커리는 대답한다. "네, 하겠습니다."

새커리가 맡은 졸업반 학생들은 껌을 질겅이며 출석 호명에 건성으로 반응하고, 책상 위에 다리를 올린 채 삼류 잡지를 버젓이 본다. 질문이나 지적을 받으면 딴전을 피거나 시비를 걸듯이 응수한다. 새커리는 첫날의 느낌을 묻는 동료 교사에게 어려움을 털어놓는다. "전쟁터에 발을 들여놓은 기분입니다." 동료는 체벌이 금지된 탓에 아이들을 다루기 어렵다면서 조심하라고 조언한다. "어린 폭군을 상대하다 되치기를 당할 수 있습니다." 어느 곳이든 확 바뀐 제도나 규정이 뿌리를 내리기까지는 진통이 따르고 때로는 몸살을 앓기도 한다.

학생들은 작정한 듯이 빈정대면서 새커리의 속을 뒤집어 놓으려 하고 호시탐탐 빈틈을 노려 교실을 금세 엉망으로 만든다. 새 커리가 무례한 학생을 보고 부모에게도 그런 말투로 이야기하냐고 지적하고 꾸짖자 격한 반발이 돌아온다. 적반하장에 기가 막힌 새커리는 끓어오르는 마음을 진정하려고 애쓴다. 냉소적인 선배 교사는 험난한 앞길을 예고한다. "아직 이도 안 드러났어요."

초보 교사인 동료가 "왜 교직에 들어섰나요?"라고 던진 물음에 새커리는 단지 직업을 갖기 위해서라고 밝히고 처지를 자조한다. "저는 가르치는 게 아무것도 없어요." 동료는 나아질 거라고 위로한다. 옆에 있던 선배 교사는 더 나빠질 수 있다고 초를 친다. 공학도인지라 교육학에는 문외한인 새커리는 읽지도 못하는 아이들을 안쓰럽게 생각하고 이들을 가르치는 방법에 관한 책을 밤새워 읽고 무언가를 곰곰이 생각한다.

새커리는 학생들이 교실에서 어처구니없는 일을 아무렇지도 않게 저지르는 황당한 행동에 격노하고 교무실로 돌아온다. 화를 내지 않으리라 굳게 다진 다짐이 보란듯이 무너지자 자책을 한다. "모든 노력을 기울였는데, 이 애들은 구제 불능 같아요." 이렇게 토로하는 순간에 중요한 실마리가 머리를 스친다. 마음을 추스르고 교실로 돌아가 차분히 말한다. "나는 깨달았다. 곧 여러분은 자신의 행동을 책임질 어른이 된다. 이제부터 여러분을 성인으로 대하고 대화로 수업을 풀어 가겠다."

새커리는 학생들이 남루한 옷차림의 교사를 걸고넘어지자, 자신만 바라보라고 말한다. 그는 학생들에게 마치 몸으로 가르치는 본보기가 되고자 마음먹은 것 같다. 그리고 서로 존중하여 호칭하고, 신사와 숙녀처럼 행동하고, 청결한 용모를 갖추어야 한다고 말하며, 어른다워지려면 마음에 들지 않더라도 참고 넘길 수 있어야 한다고 가르친다. 삶이 달라지려면 생각과 행동이 바뀌어야 하고, 성숙해지려면 참을성과 관용을 잉태하는 문을 통과해야 한다.

선배 교사는 이 학교와는 전혀 어울리지 않는 상호 존중의 규칙을 자신도 따라야 하는 거냐며 비아냥거리고, 얼간이들에게 배울 일이 한 가지라도 있겠냐면서 시큰둥해한다. 다른 동료 교사는 이에 일침을 놓는다. "우리가 애들한테서 뭔가 배울지도 모를 일이죠? 배움 자체가 중요하잖아요!" 그 누구보다도 교육자는 누구에게든 배울 게 있다는 겸손한 태도가 필요하다. 겸손하지 않으면 배우기 어렵고 배우지 못하면 그 이상 가르치기 어렵다.

아이들은 선생님을 이해해야 비로소 신뢰를 쌓기 시작한다(〈하늘을 나는 교실〉, 2002). 수업이 차츰 자리를 잡아 가면서 새커리는 개인사에 관심을 갖는 학생들에게 과거사를 진솔하게 털어놓는다. "나는 형편이 어려워서 접시와 차도 닦았다." 학생들이 의아해한다. "그런데도 말투가 세련되네요?" 새커리는 담담하게 대답한다. "여러분 나이 때쯤에는 나도 마찬가지였단다. 원하고 노력하면 말씨뿐 아니라 삶도 바꿀 수 있다." 학생들은 처음에는 새커리를 자신들과 동떨어진 존재로 생각했으나 점차 동질감을 느끼기 시작한다.

새커리의 술회처럼, 드센 학생을 품을 수 있는 다음과 같은 교사의 어릴 적 성장의 저변은 가르치는 데 큰 힘이 된다. "제가 어릴 적 공부에 형편없던 기억 때문에 아이들이 더 잘 이해가 됩니다(〈선생님의 일기〉, 2016)." "사실 나도 너희와 같은 상처가 있지만 그래도 괜찮아, 괜찮단다(〈안녕?! 오케스트라〉, 2013)." "버림받아 상처와 상실을 겪는 너희 심정을 안다. 나도 너희처럼 그랬으니까(〈맨발의 승리〉, 2021)."

성장기 때는 다양한 좋은 경험이 필요하다. 새커리가 학생들을 데리고 체험 학습을 나가고 싶어 하자, 교장은 학교 울타리를 벗어나면 일이 난다고 꺼리다가 학교에 피해가 없게 하라면서 허락한다. 박물관 나들이에 나서는 날, 신이 난 학생들은 단정한 차림으로 교실에서 조용히 기다린다. 새커리는 칭찬의 농담을 한다. "교실을 잘못 찾은 줄 알았다." 박물관이 처음인 학생들은 전시물을 신기해한다. 그렇게 새커리는 학생들에게 도움이 되는 일은 무엇이든 하려는 의지를 다진다.

어느 날 사고가 터진다. 몸이 무거워서 뜀틀 넘기를 주저하는 학생이 체육 교사의 지시를 따라 마지못해 뛰어넘다 쓰러진다. 이 상황을 조마조마하게 지켜보던 다른 학생이 흥분해서 교사에게 덤벼 들고, 새커리가 급히 달려와 수습한다. 새커리는 사회에 나가려면 자제력을 길러야 한다고 훈계하고, 대든 행동은 변명의 여지가 없으니 용서를 빌라고 시킨다. 하지만 학생들은 불의에 맞선 행동이라면서 버틴다. 가까워지려나 싶더니 틈이 다시 벌어진다. 교단은 잠시도 마음을 놓을 수 없는 조심스러운 자리이고, 교직에 몸담는 것은 벼랑 끝에 서는 것과 같다(〈선생〉, 2015).

학교를 그만둔 체육 교사의 수업을 떠맡게 된 새커리에게 반항기가 두드러진 학생이 권투로 겨뤄 보자고 도발한다. 하는 수 없이 상대하게 된 새커리는 계속 피해 다니다가 어쩔 수 없이 끝장을 낸다. 학생은 다치게 하려고 달려든 자기를 왜 단 한 방만 치고 그냥 두었냐고 묻는다. 새커리는 "때린다고 해결되니?"라고 되묻고는, 한 걸음 더 나아가 권투 기량을 인정하고 저학년 학생들을 지도해 보라고 제안한다.

용서받을 수 없으리라 생각하며 막다른 골목에 몰렸을 때 학생이 느낀 용서라는 반전은 잊히지 않을 감사의 기억으로 길이 남게 되리라. "교사는 학생이 잘못이나 실수를 하더라도 호의적인 관계나 상태를 유지하며 어떤 상황이든 교육적 상황으로 만들 줄 알아야 하는 사람이다. 또한 그가 처한 상황에서 교육할 수 있어야 하고, 그로 인해 학생이 뭔가를 배울 수 있게 해야 하는 사람이다(Van Manen, 2002: 6)." 〈하늘을 나는 교실〉(2002)의 선생님은 학생들이 곤경에 처한 친구를 도우려다 교칙을 어기게 된 사정을 파악하고는 우애와 신뢰를 가르치는 기회로 삼아 현명하게 이끈다. 규칙을 절대시해서 교육의 본질이 흐려지지 않도록 경계해야 한다.

얼마 뒤에 열린 졸업 파티에서, 새커리가 학교에 온 첫날 처음 마주친 학생은 자신이 원하는 진로인 호텔 급사가 되었다며 야간학교 진학을 도와달라고 부탁한다. 선생님에게 연모의 정을 다소 느끼는 듯이 보이는 학생이 학교로 찾아와도 되냐는 말에 새커리는 생각을 밝힌다. "모두 앞으로 나아가야 한다." 첫 만남 때 교직을 시답잖게 깎아내리던 선배 교사는 깔끔하게 차려입고 연회장에 나와서는 그간의 일을 사과하고 사고뭉치를 다루는 재능을 썩히지 말라고 당부한다.

이에 비추어 보면, 가르치는 데 필요한 우선적 자질은 '소통'과 '사랑'이 아닐까 싶다. 〈괴테스쿨의 사고뭉치들〉(2013)의 예를 덧붙이면, 얼떨결에 골칫거리 학생들을 맡게 되고 어찌하다 가르치는 재미에 푹 빠지는 거짓 신분인 임시교사의 정체를 알아챈 그의 동료가 길을 제시한다. "어떻게 하면 교직을 천직으로 삼을 수 있는지 생각해 봐요. 잠재력이 보여요. 학생들과 통하잖아요!" 이 말이 천부당만부당하다고 손사래를 치지만, 결국에는 속마음을 털어놓는다. "내가 가진 건 애들뿐이에요. 어미를 찾는 병아리처럼 나를 따르는 아이들 때문에 떠날 수 없어요."

가르침에 필요한 '학습, 권위, 도덕, 질서, 상상, 연민, 인내, 끈기, 인격, 즐거움'의 측면에서 살피면(Banner & Cannon, 2017), 새커리는 다음과 같은 모습을 보인다. 어려워도 포기하지 않고, 학생의 관심을 끌어낼 방법을 찾고자 고민하고, 한 가지라도 더 가르치려고 애쓴다. 복장, 언어, 행동에서 예절을 갖추고 교사의 권위를 자연스럽게 드러낸다. 본분을 다하고자 최선을 다한다. 목표와 규칙을 명확하게 공유해서 교실의 질서와 분위기를 바로 잡는다. 학생의 성취에 대한 기대치를 높이고 배움의 터를 넓히고 동기를 고취한다. 애를 먹이는 철부지에 대한 수용력이 높다. 단호하게 꾸짖으면서도 연민의 눈으로 바라보며 너그럽게 용서하고, 때로는 스스로 깨달을 수 있도록 기다린다. 잠시 흔들려도 이내 회복해 한결같은 마음을 유지하려고 노력한다. 속이 타는 일도 참고 견디며 뜻한 바를 끈질기게 이룬다. 모범을 보이면서 학생을 인격체로 존중한다. 두루 좋은 관계를 맺는다. 교실에 온기를 불어넣고 웃음꽃이 피게 한다.

교육은 속이 터지고 애가 타야 좋은 결실을 보는 것일까. 학생들에게 에워싸인 새커리는 '갈수록 어려워지네(It's Getting Harder All the Time)'라는 곡의 연주에 맞추어 춤을 춘다. 한 학생이 '선생님께 사랑을(To Sir, with Love)' 노래를 부른다. "수다 떨고 손톱 깨물던 소녀의 학창 시절은 끝났지만 마음속에 영원할 거예요. 어떻게 감사드려야 할까요, 철부지를 숙녀로 이끄신 분, 선생님께 사랑을 드립니다." 핑 도는 눈물을 감추고 교실로 와서 학생들이 건넨 편지를 꺼내 읽을 때, 처음 보는 천방지축 학생들이 불쑥 들어와 다음 학년은 새커리 반이라고 툭 뱉고 나간다. 잠시 생각에 잠긴 새커리는 자신이 앞으로 나갈 길은 학생들 곁이라고 결심하고, 엔지니어직에 수없이 지원한 끝에 받은 입사통지서를 찢는다.

 이 영화는 비행 청소년이 학교 교육에 미치는 문제를 다룬 〈블랙보드 정글〉(1955)이 연상된다. 〈블랙보드 정글〉의 교사는 아이들의 미래를 가꾸고 싶은 마음을 품고 학교로 오지만, 어디부터 손을 대야 할지 모를 정도인 학생들은 오히려 자신들이 점령한 교실에서 배우라는 투다. 교사는 징글징글한 학생들의 온갖 반항을 인내하며 가르치다가 학을 떼고 떠나려 한다. 그때 대학 은사가 소명감을 고취한다. "그곳이 자네를 필요로 하네."

죽은 시인의 사회

"오, 선장, 나의 선장이여!"

    삶과 교육이 향할 길에 대해 생각하게 하는 〈죽은 시인의 사회 (Dead Poets Society)〉(1989)[2]는 오랜 시간이 지나도 장면 하나하나가 뇌리에 생생하게 남는다. 숲이 어우러진 강 위로 새무리가 날아오르는 캠퍼스와 고색창연한 건물, 100년 역사의 웰튼 아카데미는 1959년 개강식을 시작한다. 학생들은 교장이 최고선으로 내세우는 교훈을 힘차게 복창한다. "전통, 명예, 규율, 최고" 졸업생 대부분이 아이비리그에 진학한다는 교장의 자랑에 참석자들은 합격의 보증 수표를 손에 쥔 것 같이 들뜬다.

    웰튼 아카데미는 사회가 선망하는 지위를 잡으려면 명문대 진학 이외의 다른 관심은 모두 접으라는 분위기다. 교장은 오직 입시 준비에만 매진하라고 강조한다. 교사는 사정 없이 과제를 쏟아 낸다. 자녀 교육이 부모의 꿈을 대리하는 일은 아닐진대, 학부모도 자식을 옥죈다. "의대를 졸업하면 네가 하고 싶은 대로 해라.

---

2) Peter Weir 감독, Robin Williams 출연, 미국 제작.

그렇지 못할 때는 자식으로 취급하지 않겠다. 그때까지는 내가 시키는 대로 해라." 우리나라 영화에서 들어갈 대학과 학과는 오직 하나뿐이라고 확정해 놓고 다그치는 모습과 겹친다(〈행복은 성적순이 아니잖아요〉, 1989).

모교로 옮겨 부임한 키팅 선생님은 교실에 얌전히 앉아 있는 학생들 사이를 가로질러 유유히 휘파람을 불면서 복도로 나간다. 첫 시간의 뜻밖의 상황에 얼떨떨한 학생들은 키팅의 수신호를 따라간다. 키팅은 학생들에게 자문자답을 던진다. "'오, 선장, 나의 선장이여!' 누구의 시인지 아는 사람? 휘트먼!" 수업 시간을 마치 삶을 헤쳐 가는 항해의 여정으로 여기는 키팅은 자신을 '선장'으로 불러도 좋다고 밝히고, 호된 학교생활로 힘들어하는 학생들을 위로한다. "약골인 나도 버티어 냈다."

키팅은 고대 로마의 호라티우스의 시에 나오는 라틴어 구절을 외친다. "카르페 디엠!" 선물로 받은 현재의 삶을 소중하게 보내라는 뜻이다. 키팅은 헤릭의 시, 「그대여, 시간을 소중히 여기시오 (To the Virgins, to Make Much of Time)」를 읊는다. "거둘 수 있을 때 장미 꽃송이를 따라. 지난 시간은 흘러가고, 오늘 웃는 이 꽃도 내일이면 시들리니." 삶이 추구할 참된 목적이 아닌 세상의 허상만을 쫓으며 살아가면 결국에는 허망하게 끝나리라는 생각이 든다.

키팅은 오래전에 세상을 떠난 졸업생들의 단체 사진을 가리키며 묻는다. "세상을 쥐락펴락하며 위대한 일을 해내리라는 패기와 희망으로 가득 찬 너희들과 닮아 보이지 않는가?" 그러고는 속삭인다. "카르페 디엠, 자신의 인생을 특별하게 살아라!" 각자의 개성이 표현되는 삶을 살라는 말로 들린다. "늘 너다워라(〈빌리 엘리어트〉, 2000)."

키팅은 휘트먼의 시 「오! 나의 삶이여!(O Me! O Life!)」를 낭송하고 질문을 던진다. "'오 나여! 오 내 삶이여! 되풀이되는 이 질문, ······오 나여, 오 내 삶이여? 답은 바로 이것, 당신이 여기에 있어 삶과 자아가 존재하는 것. 강렬한 연극은 이어지고, 당신도 한 편의 시가 될 수 있다는 것!' 여러분의 시는 어떤 것일까?" 이 세상의 모든 시 각각이 그 자체로 유일한 것처럼, 자기 삶의 진정한 의미를 찾으라는 화두로 다가온다. 키팅은 삶을 유지하는 수단과 삶 본연의 목적을 구분하라고 일깨운다. 일상을 영위하는 양식인 수단과 인생의 궁극적 가치가 조응(照應)하면 얼마나 훌륭할까.

첫 수업을 듣고 난 후 학생은 의아해한다. "그게 시험에 나오는 걸까?" 키팅은 시에 점수를 매기는 교재는 영혼을 멍들게 만들고, 책을 읽을 때는 저자의 생각만 찾지 말고 읽는 자신이 무엇을 느끼는지 살피라고 짚어 준다. 그러고는 생각하는 법을 새롭게 배우라고 강조한다. 틀에 박힌 방식으로 정해진 답을 찾던 기존과는 전혀 다른 파격적인 교육이다. 우리나라 어느 대학생은 고등학생 때 "시가 무엇을 담고 있는지보다는 무엇을 풀 수 있는지가 더 중요했다."라고 회고하면서 원작자인 시인도 문제의 정답을 비껴가는 우리의 웃픈 일면을 꼬집는다(〈당신은 학생인가〉, 2020).

키팅은 학생들을 책상 위로 올라가게 한다. "끊임없이 다른 방식으로 사물을 보아야 한다. 무언가를 안다고 생각할 때, 다른 관점으로도 바라보아야 한다. 어리석거나 이상하게 보일지라도 이러도록 노력해야 한다." 현상에 매이거나 맹종하지 말고, 무의식을 자극하는 예리한 시각으로 세상을 새롭게 볼 수 있어야 한다는 의미이리라. 학생들은 평소에 무심코 지내는 교실을 눈높이를 달리해서 둘러본다.

키팅은 무턱대고 무리를 추종하는 것과 개성을 상실한 획일화의 위험성을 경고하고, 스스로 선택한 길을 신뢰하고 새로운 세계의 문을 향해 당당히 걸어가라고 가르친다. 학생들에게 걷고 싶은 대로 걸어 보게 하고, 걷고 싶지 않을 권리를 행사한다는 학생에게는 핵심을 짚었다고 지지한다. "시류를 거스르라!"

이 같은 가르침에는 주관 없이 남을 좇아가는 '부화뇌동'을 경계하고, 편하게 머물 터를 파기보다 새로운 길을 닦으라는 뜻이 담겨 있다. 반평생을 훌쩍 넘게 살아도 아직 부족한 내 생각에 비추면, 세상일은 천차만별이어서 아직 발길이 닿지 않은 길이든 드문 길이든 다져진 길이든 그 길을 가려면 나름의 해야 할 몫이 있다. 앞날은 안갯속이고, 한참이 지나도 겨우 알까 말까 하다. 어떤 길이든 신중하게 선택하고, 그 결단에 대한 믿음을 가지고 후회가 남지 않도록 최선을 다해야 한다. 그럼에도 내키지 않은 구석은 현재에 감사하는 마음으로 밀어내고 떨쳐내는 게 필요하다.

　선배 교사는 색다른 교육 방식은 매력적이지만 모든 학생에게 예술가가 되도록 부추긴다면 위험하다고 지적한다. 키팅은 진리를 찾는 사색가를 지향한다고 응수한다. 선배는 웰튼 아카데미는 법률가나 의사 같은 길을 준비하는 현실적인 학교이기 때문에, 이를 간과한 이상주의적 방식은 학생들에게 혼란을 줄 수 있다고 조언한다.

　키팅에게 궁금증이 발동한 학생들은 그가 학창 시절 때 활동한 동아리인 '죽은 시인의 사회'의 흔적을 찾아낸다. 이 이름에는 삶의 목적을 잊은 채 삶을 유지할 수단에 매달려 살아가는 인간 군상을 꼬집는 의미가 느껴진다. 몇몇 학생은 늦은 밤에 기숙사를 몰래 빠져나와 자신들만 아는 동굴에서 과거에 선배들이 벌인 일탈을 흉내낸다. 학생들은 새로운 세상의 알을 깨뜨리려는 듯이 미지의 세계에 대한 호기심을 드러낸다. 휘트먼의 시구가 동굴을 울리는 것 같다. "나는 세상의 지붕 꼭대기에서 야성을 소리 높여 외치노라."

　소싯적 키팅은 집안의 기대를 군말 없이 따르는 이 학교의 학생들처럼, 또래 모임인 '죽은 시인의 사회'를 통해서 자신이 가고 싶은 길을 가지 못하는 좌절감을 분출하지 않았을까. 또한, 교사가 되어서는 이런 아쉬움을 가르침에 투영한 것은 아닐까. "교수님이 바라는 바와는 다르지만, 저는 이 길을 원해요."라는 대사에서

엿볼 수 있듯이(〈모나리자 스마일〉, 2003), 가르치는 사람은 자신의 회한을 해소하는 차원이 아닌, 학생이 스스로의 길을 찾게 도우려는 자세를 견지해야 한다.

 선의가 때로는 잘못 전달되듯이 어떤 학생은 가르침을 엉뚱하게 받아들여 객기를 부린다. 키팅은 대담할 시간과 조심할 시간은 따로 있고, 만용을 부려 소중한 기회를 잃지 않도록 이성적으로 행동해야 한다고 충고한다. 키팅은 학생들이 가슴은 뜨겁게 머리는 차갑게 살아가기를 바라지만, 학생들은 끓어오르는 호기를 식힐 겨를이 없어 보인다. 어설픈 생각은 얕은 얼음 위에 서는 것처럼 위태롭고, 성급함은 성난 파도의 날 끝에 선 조각배와 같다.

 키팅은 강조한다. "자신의 목소리를 찾기 위해 노력해야 한다." 이때, 부모의 기대에 맞춰 지내 오던 한 학생의 눈이 반짝인다. "난생처음 내가 뭘 하고 싶은지 알아냈어. 카르페 디엠!" 결국 자신이 이루지 못한 세속적 꿈을 자식에게서 갈구하는 아버지와 연극에 빠진 아들은 충돌한다. 아버지가 절대 반대하는 공연을 앞둔 학생은 한 가닥 실이라도 잡고 싶은 심정으로 키팅을 찾아오지만, 안타깝게도 절망감에서 벗어나는 데는 도움이 되지 못한다. 학생의 아버지도 자식의 절절한 마음을 읽지 못한다.

> "아버지께 내일 저녁까지 말해야 한다."
>
> "선생님. 더 쉬운 방법 없을까요?"

"없어."

"저는 갇혔어요!"

"아니. 넌 아냐."

"아버지. 저는 그만둘 수 없어요. 제가 주인공이에요. 공연은 내일이고요."

"내일 세상이 끝난다고 해도 상관없다."

휘트먼이 시에서 노래한 "당신이 여기 있어-삶(생명)과 자아가 존재하는 것"일진대, 학생은 격한 감정에 빠진 채 장차 가능할지 모를 일말의 기회조차 영원히 날려 버리는 우를 범한다. 뜻한 대로 이루어지는 세상일은 드물고, 바라는 바가 이루어질 '그때'와 '제때'를 알기는 어렵다. 자신의 바람과 다르더라도 조바심을 누르고 기다리며 한발 한 발 내딛는 일상이 중요하다. 포기하고 싶은 심정일 때, 이런 말을 떠올리면 좋겠다. "그다음이 얼마나 많은데(〈맨발의 꿈〉, 2010)." "감당이 안 돼도 견디는 거야. 앞에 놓인 길을 열심히 달리는 게 중요하지. 달려 보기 전에는 얼마나 갈 수 있는지 모르니까(〈세크리테어리엇〉, 2010)."

불행한 사태에 대한 책임을 떠안고 학교를 떠나는 키팅은 교장이 대신 수업하는 교실에 들려 소지품을 챙겨 나간다. 이때, 평소에 소극적이던 학생이 책상 위로 올라가 외친다. "오, 나의 선장님!" 그러자 다른 학생들도 차례로 책상에 올라서서 선생님의 마지막을 배웅한다. 몇몇 학생은 고개를 푹 숙인 채 자리에 그대로 앉아 있다.

그 어떤 모습이든 이 세상을 떠난 학생을 볼 수 없어 마음이 아프다. 내 곁에 있다면, "포기하지 않으면 제때 수확하게 될 것입니다(갈라 6,9)."라는 성경 말씀에 덧붙여서, 이 시를 들려주고 싶다. "⋯⋯저마다 견뎌야 할 하루의 무게를 지고 / 몸으로 부닥치다 보면 / 어느새 지나가는 세상살이 / 우리가 마지막까지 해낼 문제는 / 내 삶의 실타래를 다 풀어내는 일(정일화, 2021: 122)."

이 영화에는 학교 대항전 축구 시합에서 이긴 학생들이 키팅을 어깨에 태우고 늦가을의 노을이 늘어지는 교정을 환호하며 도는 장면이 나온다. 이에 더해진, 실러의 시 「환희의 송가」에 베토벤이 곡을 입힌 교향곡 '합창' 4악장의 울림은 짙은 여운으로 남는다. 나는 학생들과 함께 외치고 싶다. "달려가라, 그대의 길을. 험하고 힘들지라도, 달릴 길을 다 달릴 때까지!"

프리덤 라이터스

"아이들을 돕는 게 내 삶의 의미다."

〈프리덤 라이터스(Freedom Writers)〉(2007)[3]는 인종적 적대감으로 서로를 증오하고 학교도 교사도 싫어하는 학생들을 바른길로 이끈 에린 그루웰(Erin Gruwell, 1969년 출생) 선생님의 실화다. 그루웰은 절체절명의 줄타기를 하며 그날그날 살아가는 학생들에게 살아가는 이야기를 매일 쓰게 해서 책으로 낸다. 그는 1994년에 4년제인 우드로 윌슨 고등학교에서 교육실습생으로 시작해서 이듬해 정교사가 되어 맡은 2학년 150명 모두를 졸업시킨다. 그가 가르친 대부분은 학습장애, 학대, 퇴학 전입, 보호 위탁, 소년원 출신, 슬럼가 거주, 위치추적기를 부착한 보호관찰 대상으로, 처음에는 읽기 수준이 초등학교 5~6학년 정도였으나 나중에는 가족 가운데 처음으로 고교를 졸업하고 대학에 진학할 정도로 발전한다.

출근 첫날 아침에 그루웰은 정장을 차려입고 남편에게 묻는다.

---

[3] Richard LaGravenese 감독, Hilary Swank 출연. 미국 제작.

"선생님답게 보이나요?" 설렌 미소로 교정에 들어선 그루웰은 깔끔하게 잘 갖춰진 우수 학급을 지나 자신의 교실에 들어서자 표정이 어색해진다. 칠판은 낡고 책상은 낙서투성이다. 교실로 들어온 학생들은 그루웰에게 눈길도 주지 않고 서로를 쳐다만 봐도 한판 붙을 분위기다. 결국 학교경찰이 달려온다. 금방이라도 울먹일 것 같은 그루웰에게 학생이 상스럽게 한마디 내뱉는다. "일주일이면 보내 버리겠네." 이런 학생들이 선생님의 마음을 알아주면 얼마나 좋을까. "나 한 번만 쳐다봐 줄래? 내가 너희들을 만날 3월을 기다리면서 얼마나 보고 싶었는데, 어떤 애들이 이 교실에 올지 얼마나 가슴이 떨렸는데(〈명령 불복종 교사〉, 2015)."

교과부장은 당국의 통합 정책 탓에 상당수 우등생이 다른 곳으로 떠나갔다는 원망을 드러내고,[4] 남은 학생들을 규율에 복종하게 만드는 것만으로도 엄청난 성취라고 조언한다. 법정에서 청소년을 변호하기보다 먼저 교실에서 변화를 보이고 싶어 교직으로 들어선 그루웰은 소신을 밝힌다. "저는 여기가 마음에 쏙 들어요!" 〈울학교 이티〉(2008)에서, 전교 1등으로 법대에 진학했던 학생이 바닷가 학교의 교사로 온 장면이 겹쳐 떠오른다. 이와 비슷한 실

---

[4] 1992년에 로스앤젤레스 경찰은 아프리카계 시민을 체포하면서 과도한 물리력을 행사한다. 이것이 도화선이 된 '로스앤젤레스 폭동'에서 수많은 사상자가 발생한다. 미국 정부는 인종 간 갈등 해소책의 하나로 공립학교에 '자발적 인종 통합'을 촉구한다.

제 교사는 더 있다(〈아메리칸 티처〉, 2011). 의료계, 법조계, 경제계로 진출하는 친구들과 다르게 선생님이 되려는 그를 뜻밖으로 여기는 사람들이 "너는 마음먹는 무엇이든 할 수 있고 돈을 많이 벌 수 있는데 왜 초등교사가 되려고 그러니?"라고 묻자 이렇게 꼬집는다. "누가 자녀를 가르치길 원하나요? 하버드 출신은 원치 않으세요?"

주변에서는 얼마 안 가 몇 명밖에 남지 않을 거라고 기운을 빼지만, 그루웰은 희망을 내보인다. "제가 잘하면 줄을 서지 않을까요?" 부적합하다는 만류에도 불구하고 '문명의 수호자인 교사(Russell, 2009: 416)'로서, 시간을 뛰어넘는 가치를 지닌 고전의 하나인 『오디세이』를 가르친다. 우리 사회에서 가장 좋은 것으로 표현되는 문화의 정수인 고전을 알면 우리가 사는 세상을 더 소중히 여기게 된다(〈브라우닝 버전〉, 1994).

고전 교육의 대표적인 사례로는 '시카고 플랜(The Great Book Program)'이 있다. 이에 따르면, 전교생은 학교가 다분야에서 선정한 100권의 고전을 읽고, 저자와의 대화, 세미나, 소집단 토론에 참여해야 한다. 오늘날의 명문 시카고 대학의 기틀을 마련한 교육철학자 허친스 총장은, 고전은 위대한 선인의 정신적 노작(勞作)으로 옛것인 동시에 새것이며 시대를 초월한 보편적 가치를 지닌다고 믿었다. 또한, 교양교육은 최선의 사람들을 위한 최선의 교육이고, 고전을 통해 지성을 고양하고 이성을 단련하는 교육이 참

되다고 여겼다. 이를 따라 시카고 대학교는 지성인으로서 갖춰야 할 교양 교과를 여전히 강조한다(최보기, 2016. 10. 12).

실제 교실의 모습과 더 가까운 쪽은 둘째 날이다(Esquith, 2013: 65). 교내에서 총소리가 들리고 패싸움이 벌어진다. 그루웰은 한숨을 내쉰다. "내가 그린 것과는 딴판이네." 어느 초보 교사는 막상 첫 출근을 하니 모든 게 낯설고 대학에서 배운 지식은 아무 쓸모가 없어 보였다고 털어놓고(김동훈, 2018: 12), 독일의 예비 교사도 대학에서 가르칠 준비를 마쳤다고 생각하고 교단에 서지만 현장은 딴판임을 절감한다(〈파란만장 교사 실습〉, 2016). 어느 만평은 이렇듯 하루하루가 다른 교실 모습을 풍자한다(정일화, 2020: 79). "저를 도와주시겠어요? 이것은 대학의 교직과정 어디서도 다루지 않았어요."

교육심리학자는 교실에서 가르치는 일의 어려움을 이렇게 토로한다. "30년 동안 가르치는 일을 해 온 나는, 이 일이야말로 아마도 인류가 발명해 낸 것 가운데 가장 복잡하고, 가장 도전적이며 까다롭고, 미묘하고도 오묘하고, 소름이 돋는 활동이라는 결론을 내렸습니다. 교실과 비슷한 상황을 의사가 경험할 수 있는 유일한 경우는 천재지변이 일어난 직후 병원 응급실의 모습이라고 할 수 있습니다(Shulman, 2004: 504)."

학생들은 고전으로 글쓰기를 하는 데 시큰둥하다. 그루웰은 고심 끝에 다인종이 소통하는 수업으로 시를 다룰 계획을 세운다. 본질적으로 교육이란, 시가 밝혀 찾아낸 진실을 우리의 삶 속에 체화하는 일이다(강영택, 2024: 30). 그루웰은 흑인의 자존심을 노래한 힙합 가수의 "젊은이에게 희망이 없다고 말하지만, 사실은 미래에 희망이 없는 거야."라는 가사가 담긴 '힘을 내(Keep Ya Head Up)'를 들려준다. 노래로 불리는 김소월의 시가 심정을 더욱 아리게 하고 밥 딜런의 가사가 노벨 문학상을 받은 것에서 알 수 있듯이, 시상에 젖게 하는 음유 시인의 노래가 적지 않다. 심성을 순화하는 시를 접하면 감성이 살아나고, 시에 선율이 입혀지면 감성은 더욱 짙어진다.

시인이자 사상가인 에머슨은 모든 단어는 한때 시어였고 언어는 화석이 된 시라고 말한 바 있다. 언어의 모태인 시를 읽거나 지으면 그 안에 함축된 진선미를 음미하며 의식이 깊어지고 삶의 의지도 고양된다. 〈위험한 아이들〉(1995)의 선생님은 목표 없이 방황하는 학생들의 호기심을 불러일으키고자 가수와 시인을 엮은 수업을 시작하면서 말한다. "시를 읽을 수 있으면 어떤 것이든 읽을 수 있다." 인종 차별에 맞서다가 27년 동안 투옥 생활한 넬슨 만델라는 삶의 의지를 고양하는 특별한 힘을 지닌 시를 찬양한다(〈인빅터스〉, 2009). "시는 쓰러지려는 나를 일으켜 세웠다."

비록 풋내기로 첫발을 뗄지라도 가르치면서 선생님이 되어 간다. 그루웰은 처음의 부드러움에 강인함이 차츰 더해진다. 학생들의 의자는 조금씩 칠판을 향한다. 어느 날, 급우를 조롱하는 그림을 돌려보면서 키득대는 학생들을 정색하고 꾸짖는다. "이게 너라면 재미있을까?" 학생들은 자기만 아니면 된다고 말대꾸한다. 그루웰은 얼굴을 희화한 전시물을 박물관에서 본 적이 있고, 이는 역사상 최악의 자들이 저지른 짓이라고 전한다. 한심하게도 학생들은 그게 자기들이라고 으쓱거린다.

그루웰은 한탄한다. "그 잔악한 자들은 자신들의 어려운 탓을 마음에 안 드는 사람들에게 덮어씌워 모조리 죽였다. 그렇게 '홀로코스트'가 벌어졌다. 너희도 마찬가지다." 학생들은 다른 패거리를 없애다 죽으면 영광이라는 투로 증오를 쏟아내고 절절함을 토로한다. "모르는 소리 하지 마세요. 우리는 전쟁터에서 하루하루 졸업하는 것과 같아요." 선생님은 되받는다. "너희는 죽어도 아무도 기억하지 않아. 세상에 남긴 건 이런 쓰레기뿐이니까!" 한 학생이 궁금해한다. "홀로코스트가 뭔데요?"[5] 힘든 처지를 긍정으로 이끄는 자성(自省)과 더불어서, 그 자성의 에너지가 되는 '지식'과 이를 생성하는 교육이 중요하다.

그루웰은 도서실에 비치된 『안네 프랑크의 일기』를 교재로 사용하면 어떻겠냐는 자문을 구한다. 교과부장은 훼손만 되니 괜한 헛수고를 들이지 말라면서 헤진 그림책을 권한다. 그루웰은 속상해한다. "학생들은 왜 자기들이 이런 책을 받는지 다 알아요." 가

---

[5] 홀로코스트는 대학살을 뜻한다.

르치는 사람은 자기도 모르게 편견이라는 색안경을 끼고 학생과 현상을 바라보고 있지는 않은지를 돌아볼 필요가 있다. 그루웰은 '라인 게임'을 한다. 교실 바닥 한가운데 테이프를 붙이고 학생들을 양쪽으로 가른다. "내가 하는 말에 해당하면 나와서 줄 위에 서라." 학생들이 공감대를 느끼는 가벼운 질문으로 시작해서 한 걸음씩 더 깊은 질문으로 들어간다. 마지막은 모두를 무겁게 만든다. "갱 때문에 친구를 잃은 사람?"

학생들의 마음을 여는 일은 교사의 책임이고 보람이다(〈캠퍼스 히어로〉, 1986).[6) 그루웰은 일기장을 나눠 주고 당부한다. "자신에게라도 풀어내는 게 중요하다. 과거와 현재나 미래, 노래와 시, 좋든 나쁘든 쓰고 싶은 뭐든 쓰면 된단다. 하루도 거르지 말고 써야 한다. 생각이 떠오르면 언제 어디서든 쓸 수 있게 펜을 늘 지니고 다녀라. 평가는 없다. 너희의 진실한 글에 어떻게 점수를 매길 수 있겠니? 원하지 않으면 읽지도 않겠다."

글쓰기는 내면을 드러내는 일이다. 〈파인딩 포레스터〉(2000)의 은둔의 작가는 다른 사람에게 보여 주려는 글보다 자신을 위해 쓰는 글이 늘 낫다면서 마음 가는 대로 멈추지 말고 쓰라고 학생에게 권한다. "글쓰기의 첫 번째 열쇠는 쓰는 거다. 생각은 나중에 해라. 먼저 마음으로 초고를 쓰고 나서 머리로 다시 쓰는 거다."

---

6) 〈캠퍼스 히어로〉의 영어 타이틀은 실제 인물의 이름을 딴 〈The George McKenna Story〉 또는 〈Hard Lessons〉이다.

생각은 순간 사라질 수 있다. 그렇지만 적어 놓은 글은 언제든 다듬을 수 있다. 두고두고 하나하나 다듬으면 조금씩 나아지고 깊어진다.

학부모 상담일에 교실을 혼자 지키는 그루웰은 삶이 고단한 학생들의 일기를 읽고 통감한다. 학년 초마다 '나의 슬픈 이야기'를 쓰는 시간을 갖는 어느 교사는 학생의 마음속에 담긴 슬픔을 알면, 드러난 행동을 이해하게 되고 부모의 마음으로 품게 된다면서 자기 자신을 부모에게 버림받은 존재로 여긴 학생의 이야기를 전한다. '이른바 눈 밖에 난 학생이었다. 이해는 곧 사랑이라던가. 그 아이의 글을 읽고 나자 달리 보이기 시작했고 반항적인 눈빛도 거슬리지 않았다(김보일, 2016. 5. 1).'

다문화 환경에서 문화 정체성에 대한 인식은 처지를 이해하는 출발점이 된다(Howard, 2016; Sergiovanni et al., 2013: 76). 그루웰은 학생들의 생활 터전과 관련된 소재를 다루리라 계획한다. 외톨이 어린아이가 '나는 혼자가 아니다.'는 위안을 책에서 받은 것처럼(〈마틸다〉, 1996), 이와 같기를 바라는 그루웰은 학생들이 처한 삶을 현실감 있게 묘사한 소설책을 선물한다. 학생들은 처음으로 받은 새 책을 만지작거리며 한껏 들뜬다. "완전 새것이네!"

학생들의 학교 밖 체험 활동이 막힌 그루웰은 교육위원회를 찾아간다. 위원회의 칼 콘(Carl Cohn)[7] 박사는 학생들을 결속시킨 성과를 치하하고 도울 일을 묻는다. 그루웰은 호소한다. "더 가르치고 싶습니다. 견학 나갈 수 있게 해 주세요." 콘 박사는 교내의 일은 학교의 절차를 밟아야 한다고 조언한다. 그루웰은 완강하다. "해야 할 일을 위해 여기를 찾았습니다. 학생들은 바깥세상을 볼 기회가 필요합니다."

그루웰은 학생들을 데리고 '관용의 박물관(Museum of Tolerance)'[8]으로 간다. 관용은 진리의 가장 깊은 본질이고(Schleske, 2011: 163), 교육이 낳은 최고의 성과다(Keller, 2005: 211). 관용은 서로 다른 우리가 서로 다르게 살아갈 수 있게 하는 미덕이다. 관용의 정신은 서로 다른 것에서 배우고 서로 다른 것을 존중하게 한다. 관용이 없으면 어떤 진지한 교육 활동도 불가능하다(Freire, 1998: 118-119).

개학 첫날을 맞아 출발을 다짐하는 교실의 창틀에는 화분이 가지런히 놓여 있고, 네 권의 책이 든 가방이 학생 수만큼 탁자 위에 올려져 있다. "책마다 너희를 떠오르게 한단다. 탓하던 온갖 이유와 자신을 비하하는 모든 목소리를 다 지워 버려라. 이제부터 너희는 새로운 너다." 사용하는 언어는 세상을 바라보는 방식에 영향을 미친다. 그루웰은 학생들이 삶의 어려움을 헤쳐 가는 글을 읽고 새롭게 눈을 떠 앞으로 나아가기를 바란다. 책과 친해진 학

---

[7] 실제로 차기 교육감을 맡게 된다(James et al., 2022. 7. 12.).
[8] 나치의 유대인 학살 범죄를 추적하고 관련 문서를 수집한 인물의 이름을 따서 설립한 'Simon Wiesenthal Center'의 부속 시설이다.

생들은 2차 세계대전 때 자기들 나이 때쯤의 또래가 쓴 『안네 프랑크의 일기』를 다 읽는다. 학생들은 안네의 가족을 숨겨 준 분을 초청하자고 제안한다. "선생님은 하실 수 있잖아요!"

학생들은 선생님과 함께하는 교실을 보금자리로 여긴다. "다음 학년에도 저희를 맡아 주세요!" 하지만 그루웰은 고학년을 담당할 최소 교육 경력에는 아직 미달이다. 학생들은 인종 차별 철폐를 위해 투쟁한 '프리덤 라이더스(Freedom Riders)'처럼 권리를 쟁취하자고 목소리를 높인다. 며칠 후에 교육감은 이 안건을 다루는 회의를 주재한다. 무엇이든 처음은 있다. 관례를 답습하고 전례에 집착하고 기존의 규칙만을 고수한다면, 바뀔 일은 하나도 없다. 열린 생각과 새로운 시도가 우리를 앞으로 나아가게 한다. 졸업을 앞둔 학생들은 기증받은 컴퓨터로 자신들이 쓴 일기를 출간할 밑작업을 한다.

그루웰의 마음은 이렇게 고백하는 교사와 같지 않을까 싶다. "아이 하나 졸업시키는 게 이렇게 행복할 줄은 예전에는 정말 몰랐어요. 내가 왜 선생님이 되려고 했는지를 새삼 깨달았어요. 처음에는 내가 옳다고 증명해 보이고 싶은 오기로 시작했지만, 이제는 아이들 곁을 못 떠나겠어요(〈선생님의 일기〉, 2016)." 연민과 열정이 가득한 그루웰은 '해야 할 옳은 일'이라고 생각하면 없는 길도 만들어 가는 개척자다. 사랑은 사람들이 가망 없고 부족하다고 말하는 곳에서 발전 가능성을 보게 한다(Schleske, 2011: 119). 학생을 좋아하고 아끼는 마음이 없으면 가르칠 수 없고, 가르치지 않으면 자신에게는 아무것도 없다고 생각하는 그루웰은 이렇게 천명한다. "마침내 내가 원하는 일, 내가 해야 할 일을 깨달았다. 아이들을 돕는 게 내 삶의 의미다."

테이크 더 리드

"가르쳐 주세요, 이끌어 주세요."

〈테이크 더 리드(Take the Lead)〉(2006)[9]는 '볼룸(ballroom) 댄스'를 가르치는 피에르 두레인(Pierre Dulaine, 1944년 출생) 교수의 이야기다. 열네 살 때 무용을 시작한 그는 열여덟 살에 프로 무용수로서 전문 학사를 취득한다. 그런 뒤 약관의 나이에 댄스 교수 과정의 인증과 교육을 제공하는 '영국 무용 교사 협회(Imperial Society of Teachers of Dancing)' 정회원이 된다. 쉰 살에는 학생들의 사회적 정서 함양을 돕는 댄스 교실의 기초를 마련한다.

영화는 예의범절을 갖춘 사교계의 환한 무도회장과 약간 어둡지만 자유분방한 댄스파티를 대비하며 시작한다. 주말 밤의 무도회를 마치고 귀가하는 두레인은 주차된 차에다 분풀이하는 학생을 목격하고 상황을 감지한다. 그리고 월요일 아침 일찍 드레이크 고등학교를 방문한다. 학교 입구에는 '배울 준비를 해서 등교하기, 괴롭힘 금지, 마약은 무관용, 금속탐지기 통과' 같은 안내문이 붙어

---

9) Liz Friedlander 감독, Antonio Banderas 출연. 미국 제작.

있다. 민권운동가인 루터 킹 목사의 포스터도 보인다. "인간의 궁극적인 척도는 편안하고 편리한 순간이 아닌 도전과 갈등을 마주하는 시기다."

이 학교의 교장은 북적이는 복도를 걸으면서 학생들의 이름을 연신 부르고 준수할 사항을 환기한다. 이처럼 학교의 모든 일에 실질적으로 관여하고 책임지는 미국의 학교 행정가는 쏟아지는 업무를 처리하는 바쁜 모습으로 여러 영화에서 묘사된다. 예를 들면, 학교 일에 빠져 있다는 이유로 이혼까지 당하고(〈캠퍼스 히어로〉, 1986), 등교하는 학생들을 이리저리 살피고 교사를 찾아다니면서 협조를 구하고(〈홀랜드 오퍼스〉, 1995), 휴대용 확성기와 메모판을 들고서 이곳저곳을 분주하게 다니고(〈고독한 스승〉, 1989), 무전기를 들고 숨가쁘게 뛰어다닌다(〈초크〉, 2006).

두레인은 교장과의 면담 차례를 기다린다. 미국의 교장실은 학교의 제반 업무를 통합해서 처리하는 행정 사무 공간의 한곳에 위치하고, 보통은 책상과 의자 서넛이 비치될 정도의 규모다. 두레인은 옆에서 순서를 기다리는 학생이 또래한테나 건네는 말투로 이야기하자 이를 바로잡아주고자 예의를 갖춰 묻는다. "실례합니다. 저분이 교장 선생님이십니까?" 높임말을 어색해하던 학생은, 두레인이 여성을 위해 출입문을 열어 주는 모습을 따라서 해 본다.

교장은 창틈으로 두레인을 엿보고 경비원을 대기시킨다. 이상한 사람이 종종 찾아오는 모양이다. 두레인은 교장실 벽에 걸린 사진이 명예의 전당에 오른 학생들인지를 묻는다. 교장은 죽은 아이들을 보면서 이 힘든 일을 왜 하는지를 되새긴다고 털어놓는다. 어려움을 공감한 두레인은 독창적인 방법으로 학생들에게 춤을 가르치고 싶다는 희망을 밝힌다. 교장은 볼룸 댄스는 딴 세상이고 현재 하고 있는 여러 프로그램으로도 족하다며 거절한다. 그러나 곧 생각을 바꾸어 당일 오후 세 시에 오라고 말한다. 두레인은 자신이 운영하는 '볼룸 댄스 아카데미' 교습 일정을 조정한다.

 방과 후에 남는 벌을 받는 학생들을 맡길 심산인 교장은 두레인이 하루만 지내 보면 손을 들 것이라 예단하고 지하에 자리한 교실로 안내한다. "이제부터는 당신 몫입니다." 두레인은 음조를 맞춰 혼성 듀엣을 정하듯이 키를 맞춰 춤출 상대를 정해 준다. 그러나 짝을 내켜 않는 몇몇은 서로 싸우려 든다. 다음 날 아침 일찍 두레인은 교장을 찾아가 학생들의 교우 관계를 알아본다.

 자기만의 세계에 빠진 학생들은 두레인을 본체만체하며 무시한다. 두레인은 '내게서 가져갈 수 없어요(They Can't Take That Away From Me)'라는 노래의 볼륨을 높인다. "모자를 쓰는 것도, 차 마시는 네 모습도, 늘 기억에 간직할 거야, 다시는 만날 수 없을지라도, 내게서 가져갈 수 없어, 내 삶을 바꾼 네 방식." 가사의 "내 삶을 바꾼 네 방식"이 앞으로의 일을 암시하는 것 같다.

 마지못해 따르는 척하는 학생들은 다른 노래 두셋을 섞어 변화를 주는 형식인 리믹스 음악과 힙합 댄스를 최고라고 고집하고,

볼룸 댄스는 백인 부유층의 나약한 춤으로 치부한다. 두레인은 왕족과 전사의 힘을 상징하는 사랑과 낭만의 예술이라고 알려 준다. 하지만 무도회장에서 펼쳐지는 아름답고 우아한 왈츠를 본 적이 없는 학생들은 시큰둥해한다.

두레인은 교실로 초대한 춤의 고수와 함께 '탱고는 이런 거야(Asi se baila el Tango)' 음악에 맞춰 볼룸 댄스의 정수를 보여 준다. 학생들은 신세계를 접한 매력에 빠진다. "어떻게 이렇게 잘할 수 있지요? 이런 춤은 처음 봐요. 가르쳐 주세요!" 두레인은 동기를 고무한다. "노력하면 대회에도 나갈 수 있다." 학생들의 태도가 달라진다. 두레인은 모든 것은 기본에서 나오고 파트너를 대하는 마음 자세가 가장 중요하다고 가르친다. 교장은 학생과의 약속은 신중히 해야 한다고 충고한다.

서로 껄끄러운 사이인 남녀 학생은 묵었던 감정이 터져 다투고 징계를 받게 된다. 두레인은 학교에 선처를 사정한다. 이 영화와는 다른 차원이지만, 누명을 쓰고도 신의를 지키고자 함구하다가 학교를 그만둘 처지에 놓인 학생을 여러 영화에서 보게 된다. 이런 위기의 순간에, 친교를 나눈 은둔자가 나타나 결백을 밝혀 주고 학교의 '보호'와 '포용'을 당부한다(〈여인의 향기〉, 1992; 〈파인딩 포레스터〉, 2000; 〈이상한 나라의 수학자〉, 2022). 절체절명의 위기에서 구원의 손길을 내민 이런 '삶의 은사(恩師)' 같은 두레인은 선도를 위임받은 두 학생을 학교 일과가 시작되기 전에 가르친다. "왈

츠는 서로를 신뢰해야 출 수 있다. 신뢰는 구해야 한다."

어느 날, 수도관이 터져 교실이 물에 잠기는 바람에 두레인은 학생들을 자신의 아카데미로 데려간다. 아카데미 수강생들과 비교한 학생들은 학교에서는 초급을 아카데미에서는 고급을 가르친다고 불평하고 대회의 들러리가 되리라 지레 속단한다. 두레인은 학생들의 냉랭해진 마음을 보듬는다. "너희는 막 걸음을 뗐을 뿐이다. 깜짝 놀라게 해 주자. 우리가 집중할 것은 승패가 아니라 의심하지 않는 거다. 선택이 너희를 기다리고 있다."

폐강될 처지에 놓인 볼룸 댄스 수업을 살리기 위해, 두레인은 사친회(師親會)를 설득한다. "환경이나 남을 탓하기는 쉽지만 해결되지는 않습니다. 새롭게 어떤 일을 시작하기도 힘듭니다. 하지만 나는 뭔가를 시도하고 있습니다. 볼룸 댄스를 배우면, 여학생은 강해지고 차분해지고 자신을 믿게 됩니다. 남학생은 여성을 어떻게 존중하며 대할지를 알게 됩니다. 춤의 예법을 통해 신뢰, 배려, 협동심, 품위뿐 아니라 미래의 비전도 배우게 됩니다. 나는 이런 것을 가르칩니다."

〈땐뽀걸즈〉(2017)에서 야간 아르바이트를 하면서도 스텝을 밟으며 연습하는 학생이 "학교에서 제일 웃는 시간이 언제인지 아니? 체육 시간에 춤출 때가 제일 재미있다!"라고 신이 나 친구에게 말한 것처럼, 긍정적으로 열중할 수 있는 어느 하나가 생기면 삶의 의욕도 생동한다. 두레인 반 학생들은 발을 끊임없이 꼼지락거릴 정도로 춤에 몰입하고 학교 안팎의 생활에서도 활기를 띤다.

학생들은 말쑥한 차림으로 자신감을 뿜으며 대회장에 입장한다. 교장은 환골탈태한 모습에 깜짝 놀란다. 무도를 제대로 배우면 신사와 숙녀로 변하는 것 같다. 예를 들면, 파티에 초대받은 어느 여학생은 왈츠를 배워서 신사로 변모한 남학생들의 모습에 감탄하고 교장 선생님에게 이렇게 인사한다(〈굿바이 미스터 칩스〉, 2002). "예의 바른 소년들을 만날 수 있게 해 주셔서 정말 감사합니다."

한때 아웅다웅한 세 학생은 호흡을 척척 맞춰 새로운 탱고를 선보인다. 갱단의 꼬임에서 빠져나온 학생은 갈등을 풀고 화해한 친구와 왈츠를 춘다. 감미로운 노래인 '매혹(Fascination)'이 흐른다. "시작이 바로 끝일 수 있었어요. 허무하게 사라졌을지 모르는, 이것은 매혹. 달빛 비추는 당신에게 닿는 순간, 사랑으로 바뀌네요." 학생들의 볼룸 댄스도 시작하자마자 바로 끝일 수 있었으나, 참아내고 배우니 희망으로 바뀐다.

이 영화의 제목은 솔선수범 앞장서고 어떤 일을 먼저 시작하거나 가장 적극적으로 한다는 뜻이다. 신념과 연민의 마음이 강한 두레인은 황당하다는 처음의 시선에도 불구하고, 문화적 혜택이 메마른 학생들을 열성을 다해 가르친다. 그 결과 "사람이 해야 한다는 게 있을 때, 그 뿌듯함이 생겼다."라는 학생의 말처럼(〈댄뽀걸즈〉, 2017), 시간을 허투루 보내던 학생들이 성취감을 느끼고 또

다른 도전으로 이어질 발판을 마련한다.

두레인의 재능 기부로 시작된 댄스 교실은 영화가 제작된 2006년 무렵, 뉴욕에서만 120개 공립학교에서 1만 2천 명의 학생이 배울 정도로 전파된다. 미국의 어느 중학교는 전교생이 한 해는 댄스, 다음 해는 드라마를 배우고, 밴드나 오케스트라에는 언제든 참여할 수 있다. 이 같은 예술 교육의 장려는 예술은 삶의 전반에 자신감과 독립심을 형성하고, 예술적 분위기에 젖으면 지적 성취는 자연스럽게 따른다는 믿음에 기반한다(주삼환 외, 2009: 94, 252-253).

영화의 끝 무렵에 '춤추는 방법을 알려 주세요(Teach Me How To Dance)' 노래가 흐른다. "나는 할 수 있어요. 가르쳐 주세요. 이끌어 주세요." 새로운 세상으로 이끄는 가르침을 기다린 학생들의 간절함이 가사에 배어 있다. 배움에도 가르침에도 때가 있다. 다음의 말이 더욱 새롭게 다가온다(〈맥팔랜드 USA〉, 2015). "아이들에게는 이때가 황금기예요. 우리가 좋은 길로 이끌려면 지금이 적기에요."

홀랜드 오퍼스

"우리는 선생님의 교향곡입니다."

 〈홀랜드 오퍼스(Mr. Holland's Opus)〉(1995)[10]는 교사가 학생들과 동고동락하면서 이룬 필생의 작품이 무엇인지를 그린다. 홀랜드는 1964년에 서른 나이로 교직에 첫발을 내딛고 예순을 갓 넘겨 교단을 떠난다. 제목의 '오퍼스'는 '작품' 또는 '작품 번호'를 의미한다. 예를 들면, 베토벤의 21번째 작품인 교향곡 '합창'은 'Op. 21'로 표기한다.

 깊은 밤, 불빛이 새는 창문으로 홀로 지휘하는 모습이 비친다. 날이 새고 악보를 이불 삼아 자던 홀랜드는 아내가 흔들어 깨우자 잠이 덜 깬 채 투정한다. "이건 내가 할 일이 결코 아닌가 봐. 도대체 어떤 사람들이 이렇게 일찍부터 일하는 것일까?"

 교장은 오가는 학생들로 분주한 복도에서 멋쩍게 두리번거리는 홀랜드를 알아보고 말을 건넨다. "길을 잃은 것 같이 보이네요. 마침 시작이 좋군요. 이쪽으로 오세요." 제때 바른 방향으로 이끄는

---

10) Stephen Herek 감독, Richard Dreyfuss 출연. 미국 제작.

삶의 표상과의 만남처럼 느껴진다. 교육계의 굴곡을 겪은 교장과 초보 교사는 함께 복도를 걸으며 이야기를 나눈다.

"교사로서 첫날인데 설레지 않나요?"
"떨립니다. 이 자리에 오게 될 줄 몰랐거든요."
"왜요?"
"별생각 없이 교사자격증을 따놓았거든요."
"홀랜드 선생님. 교단에 서는 것은 뭔가를 대신해 때울 수 있는 일이 절대 아닙니다."

홀랜드는 학생들에게 예의를 갖추라고 당부하고 수업을 시작한다. "음악의 정의를 말해 볼 사람?" 틀에 박힌 교육은 당연히 새로운 세계에 대한 매력을 잃도록 만들게 마련이다(Hesse, 1906: 64). 고리타분한 분위기가 감도는 교실의 묵묵부답이 어색한 듯 홀랜드는 혼자서 교과서를 읽으며 남은 시간을 채운다. 흥미를 보이지 않는 학생들은 책을 펴 들고 그저 듣기만 한다.

점심시간 때 체육 교사는 학생들 틈에서 배식을 기다리는 홀랜드를 앞쪽으로 잡아끌며 말을 건넨다. "학교는 민주주의가 아니에요. 그런데 왜 교사가 되었나요?" 홀랜드는 속마음을 솔직하게 내보인다. "작곡할 시간을 갖고 싶어서요. 정말로 하고 싶은 일이거든요." 체육 교사는 시간이 나던 때가 언제인지 까마득하다고 홀린다.

녹초가 되어 귀가한 홀랜드는 학교 일이 호락호락하지 않음을 첫날에 절감하고 아내에게 털어놓는다. "해낼 자신이 없어요. 아이들을 눈뜬 채 재웠어요. 밖에서 듣던 얘기보다 훨씬 힘든 일 같아요. 내가 학생 때, 선생님도 학교를 벗어나고 싶을 거라고는 꿈에도 몰랐어요."

교과 지도 외로 맡은 오케스트라의 한 학생은 3년 동안 클라리넷을 한 게 믿기지 않을 정도로 서툴다. 홀랜드는 안타까운 마음에 시간을 따로 낸다. "1교시 시작하기 30분 전에 만나자." 방과 후에도 가르친다. 학생은 입술이 붓도록 연습하지만 나아지지 않자 울먹인다. "뭐 하나라도 잘하고 싶은데 안 돼요." 홀랜드는 차차 나아질 거라면서 달랜다. 교장은 급히 퇴근하는 홀랜드를 따라 걸으며 교과서를 선정하는 회의에 참석해 달라고 요청하지만 홀랜드는 고개를 젓는다.

"선생님처럼 칼퇴근하는 분은 처음입니다."

"저는 제시간에 출근하고, 최선을 다하고 있습니다."

"교사는 두 가지를 합니다. 하나는 학생들에게 지식을 채워주고, 더 중요한 것은 나침반이 되는 거죠. 그래야 지식이 허비되지 않거든요. 선생님은 나침반은 아닌 것 같네요."

학생들은 수업 내내 따분해한다. 홀랜드는 아내에게 하소연한다. "교사는 못 할 일이네요. 아이들은 멀뚱멀뚱 쳐다보기만 하고, 아무리 애써도 길은 보이지 않아요." 아내는 끈기 있게 밀고 나가라고 힘을 불어넣는다. "연주할 때 관객이 듣지 않는다고 그냥 나가나요, 아니면 계속하나요?"

학생들에게 다가가는 수업 방식을 찾으려고 고심하던 홀랜드는 한두 마디 떠든다고 교실 밖으로 내보낸 적이 있는 학생을 지목한다. "어떤 음악을 좋아하니? 괜찮으니 어떤 것이든 말해 보렴." 학생은 조심스레 대답한다. "로큰롤입니다."

홀랜드는 클래식과 유행곡을 융합하여 가르치면서 비로소 수업의 묘미를 깨닫고, 클라리넷을 포기하려는 학생에게 지지부진한 이유를 짚어 준다. "우리가 재미없이 시간만 보낸 게 잘못이구나. 마음으로 해야 할 연주를 음표만 보았구나." 어떤 것을 아는 것보다 좋아하는 것이, 좋아하는 것보다 그것을 즐기는 것이 더 중요하다. 운동은 잘해서 하는 게 아니고 좋아서 하는 것이고(〈독수리 에디〉, 2016), 위대한 연주자가 되기 위해서는 그 무엇보다 먼저 즐거워야 한다(〈라 멜로디〉, 2017). 시행착오를 겪으며 가르치는 길을 찾아가는 홀랜드와 같은 과정을 수없이 겪어도 끝없이 부족함을 느끼는 것이 교사의 길이다. 나의 이 같은 모습을 돌아보며 새내기 교사가 된 제자에게 보낸 글인 『새내기 교사론』(2020)을 읽은 예비 교사는 이렇게 소감을 밝혔다.

"고등학생 때 도제식 레슨은 굉장히 힘들어서 시간이 지날수록 음악을 공부해야 할 학문으로만 인식하게 되었다. 대학에 와서 만난 선생님은 음악을 수학 공식처럼 대하던 나에게 음악을 사랑하도록 가르쳐 주셨다. 그분을 통해서 나는 점점 음악을 친구처럼 친근하게 생각하게 되었고 시간이 흘러 내게 배우는 학생들을 즐겁게 가르치고 있다. 선생님이 이런 것을 직접적으로 가르쳐 주신 것은 아니지만 피아노를 진정으로 즐기셨기 때문에 은연중에 학습한 것이다. 그때 나는 깨달았다. 나부터 음악을 사랑해야 내가 가르치는 아이들도 음악을 사랑할 수 있고, 내가 피아노를 즐겁게 쳐야 아이들도 즐겁게 할 수 있다는 것을! 이것은 음악에만 국한된 것이 아니다. 긍정적인 마음으로 세상을 바라보고 감사하고 행복한 삶을 사는 사람이 된다면, 학생들뿐 아니라 주변 사람들에게까지 영향을 끼칠 수 있겠다는 생각이 든다."

수업 때 다루는 로큰롤이 학교의 규율을 해친다는 문제가 제기된다. 교장은 가르치는 방법에 참견하는 대신에 이를 다룰 회의 때 대처할 대답을 찾는다. 홀랜드는 교장의 공감을 이끈다. "교장 선생님, 홀랜드는 학생들이 음악을 사랑하도록 가르치기 위해 클래식, 재즈, 로큰롤, 그 무엇이든 활용한다고 말씀해 주세요." 교장은 흔쾌히 호응한다. "그대로 전하죠!"

홀랜드는 교장이 제안한 고적대를 창단한다. 단짝인 체육 교사는 행진 연습을 도울 테니 한 학생을 받아달라고 부탁한다. 촉망

받는 풋볼 선수였으나 교과 성적이 모자라서 레슬링부로 밀려났고, 이마저도 그만둘 처지인 학생을 구제하고자 밴드부 활동을 성적으로 인정받게 하려는 의도다. 성과는 차치하고 어떤 일이든 성실한 이 학생은 비교적 빠르게 배울 수 있는 큰북을 맡는다. 하지만 그에게 음악은 운동신경과는 다른지 엇박자를 낸다. 체육 교사는 홀랜드에게 학생의 근황을 묻는다.

"아이는 잘하고 있어?"
"아니, 전혀"
"홀랜드, 나는 그 애가 필요해."
"레슬링을 못 한다고 세상이 끝나지는 않잖아?"
"그 애는 그래. 단지 운동이 아니고 녀석이 중요해."
"악기를 못 다루는데, 난들 어떻게 하겠나?"
"못하면 가르쳐야지! 하겠다는 애한테 북도 못 가르치나?"
"해 봐도 안 돼."
"도울 수 있을 때 도와야지. 나도 어릴 때 그 애 같았어. 하나라도 잘하도록 누군가 가르쳐 주지 않았다면 지금의 나는 없을 거네."

쏟아지는 폭포도 한 방울에서 비롯된다. 자신감으로 이어지는 성취감의 씨앗을 심는 교육이 중요하다. 홀랜드는 걸음마를 배우는 아기의 손을 잡고 한발 한발 떼듯 가르친다. 심지어는 머리에

헬멧을 씌우고 북채로 두드려 온몸으로 느끼게 한다. 각고의 노력 끝에 마침내 박자를 맞춘다. 세월이 흘러 은퇴를 맞는 교장은 오래 간직한 '나침반'을 홀랜드에게 건넨다. "선생님이 가장 마음에 들었어요." 가르치면서 비로소 선생님이 되는가 보다.

후임 교장은 교육위원회가 요구하는 예산 삭감의 방편으로 예술 교과를 줄이려고 한다. 마음대로 교육과정을 바꾼다고 따지는 홀랜드에게 교장은 맞받는다. "나도 아이들에게 신경을 씁니다. 하지만 모차르트와 수학 가운데 선택하라면 후자를 택합니다." 홀랜드는 응수한다. "아이들의 읽을거리와 쓸거리가 조만간 사라지겠군요."

"오랫동안 함께 머물고 싶지만, 뒤에서 불어오는 바람은 의도치 않게 이리저리 데려갑니다. 여러분이, 여기가, 그리울 겁니다(〈다우트〉, 2008)."라는 말처럼, 타의에 의해 떠나게 된 홀랜드는 친구에게 마음의 상처를 내비치고 술회한다. "솔직히 믿기지 않아. 어쩔 수 없이 시작한 일이 어쩌면 이렇게 하고 싶은 유일한 일이 될 수 있을까?" 새로운 길이란 잘못 들어선 발길에서 찾아지고(박노해, 2021: 32), 하고 싶지 않은 일과 해야만 하는 일 속에 진정으로 하고 싶은 일이 선물처럼 다가온다(박노해, 2018. 7. 5). 한 치 앞을 알 수 없는 우리의 삶에서, 하루하루 성실히 걷다 보면 어느덧 가야만 할 곳에 다다르는 게 아닐까.

홀랜드는 학생들이 늘 앉던 의자에서 눈을 떼지 못한다. 손때가 문은 음악실에서 짐을 챙겨 나가다가 들리는 소리를 따라가 문을 열자 강당을 가득 메운 졸업생과 재학생이 열렬히 환영한다. 클라리넷으로 애를 끓이던 학생은 주지사가 되어 제자들을 대표해 퇴임식 축사를 한다.

"명성을 안겨 줄 교향곡을 작곡한다는 소문이 도는 선생님은 우리 마을을 빼고는 유명하지 않습니다. 이것으로만 보면 실패라고 여겨 후회할지 모르겠습니다. 하지만 그것은 틀렸습니다. 부귀와 견줄 수 없는 훨씬 더 큰 일을 이루셨기 때문입니다. 선생님은 제자들의 삶에 지대한 영향을 미쳤습니다. 선생님의 손길이 우리 모두에게 닿았습니다. 덕분에 우리는 훌륭하게 성장했습니다. 우리는 선생님의 교향곡입니다. 선생님 작품의 선율과 음표이고, 선생님 삶의 음악입니다."

주지사는 홀랜드에게 청한다. "선생님, 30년 동안 작곡한 교향곡을 지휘해 주세요." 무대 장막이 걷히자 그동안 가르친 제자들이 모인 오케스트라가 드러난다. 영화는 막을 내리면서 등장인물과 사건은 허구라고 알린다. 하지만 다음의 기사와 같이 우리 곁에 실재한다. '현실의 홀랜드 오퍼스: 은퇴하는 음악 선생님을 위해 수백 명의 졸업생이 깜짝 파티를 열다(CBS News, 2018. 7. 17.).' 가르치는 것은 금메달을 따는 것보다 더 보람 있는 일이다(〈울학교 이티〉, 2008). 영화의 감동에는 미치지 못할지 모르겠으나, 지금은 마흔을 넘긴 나의 제자가 고등학교 졸업을 앞두고 교지에 기고한 글은 홀랜드를 기리는 축사에 못지않게 내게는 더할 나위 없이 소중하고 감사하다.

"선생님이라는 말은 많은 뜻을 포함한다. 앞서서 살아온 선배님의 뜻, 인생의 지혜를 가르치는 스승님의 뜻, 우리의 잘못을 잡아 주는 부모님의 뜻을 담고 있다. 마지막 고등학교 생활이 다가오는 지금, 우리에게 기억나는 선생님이 있다면 우리의 마지막을 같이 보내시는 선생님일 것이다. '기억에 남는다.' 이 말은 어떻게 생각하면 평범한 말이지만, 잘 해석하면 우리에게 가장 많은 영향을 준 선생님이라고 할 수 있다. 나에게 영향을 주신 선생님에 대해 말하고 싶다. 우선, 겉모습을 살펴보면 동심을 유발하는 얼굴과 언제나 인자한 웃음, 얼굴과는 다르게 힘깨나 썼을 것 같은 몸, 우스갯소리지만 과거가 참 궁금한 분이시다. '얼굴은 마음을 대변한다.'라고 누가 말했던가! 선생님은 얼굴과 같이 너그러우시다. 우리를 배려해 주신다. 그렇다고 모든 일에 그런 것은 아니다. 공과 사가 분명하다고 할까? 제자들이 잘못하면 용서해 주시지만 생각하면 그 끝을 분명히 하시는 선생님이다. …… 나는 우리 반이 아주 특별한 반이라고 생각한다. 아니 우리 반 아이들 모두 우리 반은 특별한 선생님과 특별한 아이들이 있는 반이라고 생각할 것이다. 마지막으로, 나의 바람은 앞으로 그 모습 그 마음 그대로 선생님이 우리를 사랑해 주시고 아껴 주시는 마음이 변하지 않는 것이다."

론 클락 스토리

"첫날 준비는 되었나요?"

〈론 클락 스토리(The Ron Clark Story)〉(2006)[1]는 불모지를 옥토로 가꾼 성취를 기리는 뜻에서 〈승리(The Triumph)〉라는 제목으로도 불린다. 론 클락(Ronald Clark, 1972년 출생)이 22세 때, 전원 마을에 자리한 초등학교의 교사로 처음 맡은 반은 4년 연속해서 교육청의 최우수 학급으로 선정된다. 하지만 현실에 안주하지 않고 큰 꿈을 품고 도전하라고 가르친 소신을 실천하고자 찾아간 험지에서, 가장 밑바닥 아이들을 만나 손꼽히는 중학교에 진학시킨다.

"첫날 준비는 되었나요?"라는 교장의 물음에, 클락은 자신감을 보이면서도 긴장감을 살짝 비친다. 그때, 쓰레기통 안에서 고개를 숙인 채 서 있는 아이가 눈에 들어온다. 클락은 다가가 사연을 알아본다. "선생님께서 저는 배울 수 없다며 이러라고 하셨어요." 클락은 즉시 대답이 돌아올 단순한 질문을 하고 자신감을 북돋는다. "봐라. 너는 방금 뭔가를 배웠지? 통에서 나가자!" 교육은 긍정의

---

1) Randa Haines 감독, Matthew Perry 출연. 미국 제작.

언어가 제격이다. 다음은 클락의 책에서 발췌한, 교직에 첫발을 내딛게 된 상황이다(Clark, 2011: 15-18).

> 모험을 찾아 떠돌던 내가 교사가 될 줄은 꿈에도 몰랐다. 어쩌다 찾은 학교의 복도 한 가운데 쓰레기통 속에 서 있는 학생이 눈에 밟혔다. 문제의 그 교실 아이들은 총체적 난국이었다. 한 아이가 나를 올려다보며 물었다. "새로 온 선생님이세요?" 나도 모르게 그런 것 같다고 대답했다. 다음 날 나는 그 교실로 향해 곧장 걸어갔고, 단박에 가르치는 일을 사랑하게 되었다. 나는 삶의 소명을 발견했고, 황량하게 내버려진 학급에 나의 영혼과 열정을 오롯이 쏟아부었다.

고향에서 순조롭게 지내던 클락 선생님은 작심하고 할렘 지역으로 떠나지만, 가는 곳마다 정신 나간 백인 취급을 받는다. 그러던 어느 날, 히스패닉계가 주로 다니는 초등학교 입구에서 교사와 학생 간의 몸싸움을 목격한다. 클락은 황급히 쫓아 나온 교장과 함께 떼어 말린다. 흥분한 교사는 망나니들이 지긋지긋하다고 퍼붓고 가 버린다. 클락은 당장이라도 가르칠 수 있다는 적극성을 보이고 자신이 거둔 실적을 내보인다.

교장은 뉴욕 주 기초학력평가에서 매년 10% 안에 드는 우등반을 소개한다. 하지만 클락의 눈은 소란스러운 교실로 쏠린다. "이 반은 어떤가요?" 교장은 한숨을 내쉰다. "완전 바닥이고 사고뭉치

6학년입니다. 벌써 교사 여섯이 떠났습니다." 이처럼 미국은 학교 간 극명한 차이뿐 아니라 한 학교 안에서도 하늘과 땅과 같은 교실이 공존하는가 보다.

다음은 미국의 교육에 대해 엇갈리는 두 전언의 요약이다. '미국은 학생의 행동에 관해서는 상당히 엄격하다. 수업 시간에 떠들거나 장난치면 생활지도 담당자가 데려가 바로 부모에게 알린다. 절대로 안 되는 것은 누구든 안 되기 때문에 학칙이 철저하다(김승운, 2009: 38-39).' '미국의 어느 교사는 조용히 하라 소리를 질러도 아이들은 아랑곳하지 않는다고 하소연한다. 지켜보니, 우리의 관점으로는 2/3가 태도 불량이다(박남기, 2002: 45).' 이처럼 시점에 따라 다르기 때문에 단편을 전부로 여기지 않아야 한다.

40여 년을 초등 교단에서 지낸 아동문학가는 사람이 사람 노릇을 할 수 있는 밑바탕은 초등학교 6년 동안 다 결정된다고 말한다(이오덕, 1990: 193). 클락은 심리사회학자 에릭슨이 언급한 '성장기 자아를 결정하는 막바지 시기'를 헛되게 흘려보내는 아이들을 가르치고자 곧장 교실로 들어갈 태세다. "이 반을 맡겠습니다."

개학 첫날은 극적인 분위기를 연출해야 한다고 생각하는 클락은(Clark, 2011: 237), "첫날이라서 깜짝선물을 가져왔다."라면서 교실 앞에 큼지막한 포스터를 붙인다. '큰 꿈을 품어라! 모험에 도전하라!' 학생들은 흘끔 쳐다보고는 제멋대로 돌아다닌다. '아이들은 본래 무정부주의자(Smoot, 2011: 56)'라는 말이 실감난다. 12세에 벌써 자녀가 셋인 샤메이카는 거슬리는 행동을 거리낌 없이 한다. 클락은 첫 번째 규칙을 게시한다. '우리는 가족이다.' 서로를 지키고 돕자는 뜻이라고 알려 준다. 일과를 마친 빈 교실은 쓰레기가 널브러지고 책걸상이 뒤엉켜 있다. 힘든 삶에서도 지식은 힘이 되고 노력은 위대한 시작으로 이끌지만(〈맨발의 승리〉, 2021), 배움과는 거리가 먼 이 반 아이들은 다음의 예와는 딴 세상에서 살아간다.

언니 오빠 친구들처럼 배우고 싶은 여섯 살 아이는 혼자서 달걀 두 개를 겨우 팔아 마련한 공책을 들고 학교에 찾아가고(〈학교 가는 길〉, 2007), 초등학교 아이들이 협곡의 급한 물살 위에 걸린 외줄 집라인을 타고 등하교를 한다(〈와와의 학교 가는 날〉, 2009). 학교에 가고자 아틀라스산맥의 구불구불한 돌길을 네 시간에 걸쳐 걷고, 어린 동생을 데리고 맹수가 노리는 아프리카의 초원을 걷고, 어린 막내를 말에 태워 어찔어찔한 파타고니아 평원을 달리고, 팔다리가 없는 동생을 휠체어에 태워 열기를 뿜어대는 맨땅 위를 두 형제가 한 시간 넘게 밀고 끌고 간다(〈온 더 웨이 투 스쿨〉, 2013).[2]

어른들도 배움에 목마르다. 케냐의 독립투사인 노인은 "목숨을 걸고 자유와 땅을 되찾았지만 글을 읽을 줄 모르니 아무 소용이 없더군."이라고 토로하면서 초등학교 1학년 교복에 지팡이를

---

[2] 11~13세 아이들의 험난한 등굣길을 그린 다큐멘터리이다.

짚고 멀리 떨어진 학교를 오간다(〈퍼스트 그레이더〉, 2010). 며칠을 걸어서 히말라야의 오지에서 시내 학교로 자식을 데려가는 아버지는 교육에 희망을 품듯 아이를 꼭 안고 위험한 얼음 강물을 건넌다(〈학교 가는 길〉, 2014). 히말라야의 해발 4,800m에 자리한 마을의 50여 주민 모두는 아홉 명의 아이를 가르치기 위해 산길을 따라 며칠을 걸어서 부임하는 선생님을 마중하고자 두 시간 거리를 걸어 나간다(〈교실 안의 야크〉, 2019). 아주 외딴 곳의 온 마을 사람들은 처음으로 맞이한 선생님과 함께 지은 한 칸의 교실에서 글을 읽는 아이들의 목소리를 듣고자 학교 울타리를 에워싼다(〈집으로 가는 길〉, 1999). 자기 자녀는 나이가 차서 못 다녀도, 비슷한 처지의 어린아이들이라도 다닐 수 있도록 특수학교의 설립을 간청하며 엄마들은 무릎을 꿇는다(〈학교 가는 길〉, 2020).

클락은 학생들의 신상을 미리 파악하고 교실을 깨끗이 꾸미고 그때그때 필요한 규칙을 세워 간다. 두 번째 규칙은 '상호 존중의 다짐'이다. 존칭을 붙이고, 허락받고 말하고, 눈을 보고 경청하라고 가르친다. 우르르 교실을 나가는 모습을 보고, 하나 더 추가한다. '모두 줄을 선다.' 규칙을 어기면 칠판에 이름을 적고, 거듭 어기면 이름 옆에 표시한다. 이와 대비되게, 반항아들을 가르치는 고등학교 교사는 생활 지도서에 쓰인 이런 지침에 쓴웃음을 짓는다(〈위험한 아이들〉, 1995). 책에 담긴 것이라도 교육적으로 타당한지 학생의 발달 수준에 맞는지를 헤아릴 필요가 있다.

수업 종료종이 울리기 무섭게 서로 먼저 식당으로 가려고 문으로 몰린다. 줄을 서지 않으면 한 명도 나갈 수 없다고 클락이 알리자, 학생들은 하는 수 없다는 듯이 따른다. 그새 새치기가 생긴다. "다음 규칙은 무엇일까?" 학생들은 알아서 일제히 대답한다. 이런 기초적 규칙과 대비되게, 교육 여건이 좋은 학교의 어느 선생님은 초등학교 5학년에게 삶의 격을 높이는 다음과 같은 격언을 한 달에 하나씩 소개한다(〈원더〉, 2017). '옳음과 친절함 가운데 하나를 선택한다면, 친절함을 선택하라.' '네 행위는 네 비석이다.' '운명은 담대한 자를 좋아한다.' '모두에게 친절해라. 그들은 힘겨운 싸움을 치르고 있다.' '어떤 사람인지 알고 싶다면, 그저 바라보면 된다.'

깔끔하게 꾸며 놓은 교실은 누군가의 고의로 엉망진창이 된다. "초등학교 선생이 얼마나 힘든지 알아?"라고 목소리를 높이는 초짜 교사의 넋두리가 절감된다(〈너는 착한 아이〉, 2015). 샤메이카는 친구들과 내기를 건다. "학교는 우리 구역이야. 기필코 몰아낼 거야." 도를 넘으려는 학생들에게 "나와 학교가 가르쳐 줄 수 있는 것을 너희에게 보여 줄 테다."라고 벼르는 선생님처럼(〈미세스 하이드〉, 2017), 클락도 마음을 다잡는다. "두고 봐라. 너희는 내 규칙을 따르게 될 거다." 그렇게 팽팽한 줄다리기가 시작된다.

수업 거부를 선동한 샤메이카는 클락의 화를 머리끝까지 돋운다. "가끔 아이들이 속을 썩일 때면 교육관이 흔들리지."라는 푸념처럼(〈하늘을 나는 고실〉, 2002), 순간적으로 감정이 불끈한 클락은 체념한 채 교실을 나와 버린다. 그리고 자제력을 잃은 자신을 탓하는 속상한 마음을 친구에게 털어놓는다. "두 손 두 발 다 들었어요." 친구는 기운을 북돋는다. "학생을 변화시키는 교사의 역할을 포기하지 마세요." 훌륭한 교사는 혼자의 힘만으로 되는 게 아닌 것 같다.

심기일전한 클락은 오죽하면 이럴까 싶은 고육책을 쓴다. 학생의 의욕을 돋우려는 좋은 의도라도 가려 해야 할 것 같다는 생각이 들 정도다. 어쨌든 아이들의 이목을 끌고 거리감을 좁힌다. 학생들은 점심시간에 '두 줄 넘기(Duble-Dutch)'를 하고, 이를 가르쳐 달라는 클락에게 어림없다고 딱 자른다. 클락은 학생들이 불가능하다고 생각하는 내기를 건다. "내가 배우면, 너희는 중학교 1학년 것을 배워라." 클락은 줄에 걸려 수없이 넘어진다. 뭔가를 하려면 '첫발'을 떼야 하고, 뭐라도 이루려면 포기하면 안 된다는 본을 보여 주고자 기를 쓴다.

교장은 아이들과 어울려 줄넘기나 하며 지내는 클락이 탐탁지 않아 언쟁을 벌인다. 교장실에서 새어 나온 소리를 들은 학생들은 철석같이 믿는 기대에 부응하고 싶은 마음이 움텄으리라. 마음을 얻으면 모든 것을 얻을 수 있다(이수지, 2023. 4. 29.).

"이 아이들은 바닥이에요. 유급이나 막아 주세요."

"아이들을 그렇게 말하지 마세요. 모두 통과할 겁니다."

"그럴 것 같지 않은데요."

"줄을 낮게 그은 게 문제예요. 아이들은 더 높이 해낼 수 있습니다."

"그게 가능해요?"

"두고 보십시오."

〈독수리 에디〉(2016)의 "제일 어렵고 두려운 건 이미 해냈잖아? 용기 내서 시도하는 거."라는 대사처럼, 뭔가를 이루려면 시도부터 해야 한다. 시작이 얼마나 힘들면 '시작이 반'이라고 하지 않는가. 출발을 다짐하는 시간에 클락은 어릴 때 암벽을 오르다 꼼짝달싹 못 한 이야기를 해 준다. "할 수 있다고 응원하는 친구들을 믿고 나는 발을 뗐다. 이제 우리가 발을 뗄 때다." 학생들에게 속마음을 진솔하게 전한 어느 선생님은 이렇게 밝힌다. "내가 마음의 문을 열어야 학생도 열게 된다는 사실을 몸으로 느꼈다. 선생은 가르치려는 자이기보다 자신의 진정을 먼저 드러내는 자가 아닌가 하는 생각이 든다(김보일, 2016. 5. 1.)."

배움의 터는 즐거워야 한다고 생각하는 클락은 학생들이 좋아할 율동과 노래 학습법을 찾아 활용한다. 가르치려는 의욕이 가득하여 휴일에도 개인지도를 한다. 아기들을 돌보느라 수업에 빠진 샤메이카를 위해 집으로 찾아가 가르친다. 샤메이카는 보호자의 허락 없이 집에 드나든 문제로 곤경에 처한 클락을 옹호한다. "선생님은 저를 도우려는 것뿐이에요." 사랑은 마음의 문을 열고, 진심은 관계를 단단하게 맺는다.

좋은 일만 계속되지는 않는다. 두 번이나 정학을 당한 학생은 다시 징계위원회로 넘겨진다. 행동에는 책임이 따른다는 의견에, 클락은 더 나쁜 길로 빠질 수 있으니 한 번 더 기회를 주자고 호소한다. 이같이 학급을 제대로 이끌려면 문제아를 빼내야 한다는 의견과 그런 아이를 돕는 게 교사의 역할이라는 입장은 종종 맞선다(〈라 멜로디〉, 2017). 일벌백계로 제적에 처하자는 의견에 담임 선생님은 미성년의 시기는 잘못을 통해 깨닫고 성장하는 때가 아니겠냐면서 관용과 사랑으로 용서해 주기를 간곡히 청하기도 하고(〈고교얄개〉, 1977), 생 양아치인 수업 방해꾼은 교실과는 전혀 어울리지 않는다며 단호하게 쫓아내기도 한다(〈블랙보드 정글〉, 1955).

과로로 쓰러진 클락은 집에서 수업을 녹화해서 교실로 보낸다. 며칠 후 클락의 모습이 교실 창에 비치자, 없는 사이 느슨해진 학생들은 재빨리 제자리에 앉는다. 시험을 코앞에 둔 학생들은 불안감을 보인다. "우리는 늘 뒤처져 있어요." 클락은 학생들에게 자신감을 북돋운다. "나는 너희가 자랑스럽다. 너희가 해낸 규칙에 비하면 성적은 별것 아니다. 이 교실을 나갈 때면 무엇이든 할 수 있는 너희 자신을 알게 될 거다."

입학 때의 면접 상황을 졸업식의 깜짝 이벤트로 재연한 실례처럼, 클락은 졸업은 특별한 이별이어야 한다고 생각한다(Clark, 2011: 381). 졸업식장으로 꾸며진 교실에 급훈이 눈에 띈다. '큰 꿈을 품어라! 모험에 도전하라!' 교장은 시험 결과를 알려 준다. "여러분이 바란 바는 아닐 수 있으나 우등반보다도 더 높습니다!" 샤메이카는 고별사를 한다. "선생님은 늘 우리 곁에서 큰 꿈을 품도록 격려해 주셨습니다." 이렇듯 애타게 인내하고 가르친 보람은 다른 영화에서도 볼 수 있다. 선생님의 속을 지글지글 썩이던 학생들은 마지막에 감사함을 표한다. "선생님은 우리의 빛이에요! 선생님은 우리에게 필요한 모든 것을 가지고 계세요. 사랑해요(〈위험한 아이들〉, 1995)." "선생님 덕분에 나의 등대를 찾아 과학자의 꿈을 갖게 되었습니다(〈미세스 하이드〉, 2017)." "우리에게 새로운 세상을 보여 주셨던 아주 특별한 선생님께 이 글을 바칩니다. 영원히 기억할게요(〈모나리자 스마일〉, 2003)."

   2007년에 '론 클락 아카데미'를 설립한 클락은 다양한 학생들을 모아 가르친다. 또한 미국은 물론이고 해외에서 찾아오는 교사를 대상으로 연수 프로그램을 비영리로 운영하면서 다음과 같은 교사의 덕목과 자질을 강조한다. 이것은 활기를 지탱하는 열정, 신뢰감과 유대감을 쌓는 모험, 새로운 세상과 사고방식에 부응하는 창의성, 성취를 돌아보는 성찰, 학생을 어여쁘게 여기고 인내하는 연민, 유비무환의 자신감, 상황에 잘 대처해 분위기를 밝게 하는 유머, 실제적이고 합리적으로 행동하는 상식, 보답하려는 감사의 마음, 시련과 실패를 견뎌내는 회복력, 그리고 '생활과 학습의 조율' '사랑과 규율의 조화' '다양한 학습자를 고려하는 교수 방식의 조정'에 필요한 균형감이다(Clark, 2004).

클래스

"나, 은근히 질겨."

〈클래스(The Class)〉(2008)[3]는 허구를 가미해서 현실감을 높인 모큐멘터리로, 프랑스 교실의 실상을 그대로 보여 준다는 평가를 받는다. 주연은 2006년에 다소 자전적인 이야기로 원작을 쓴 프랑수아(François, 1971년 출생) 선생님이고, 대부분이 실명인 출연자는 파리에 소재한 중학교의 교사들과 학생들이다. 교직 4년째인 프랑수아는 신학년을 대비하는 출근길에서 마주친 동료가 아직 학교에 붙어 있는 거냐는 농담을 건네자, 교단의 어려움이 함축된 말로 받아친다. "나, 은근히 질겨."

'교실 붕괴'라는 말이 생겨날 정도로 날이 갈수록 가르치는 어려움이 가중되면서, 동서(東西)를 막론하고 경력이 많지 않은 교사들의 교단 이탈이 두드러진다. 모큐멘터리 〈초크〉(2006)[4]는 초임 교사의 50%가 3년 안에 그만두는 미국의 모습을 보여 주고, 다

---

3) Laurent Cantet 감독, François Bégaudeau 출연. 프랑스 제작.
4) 두 명의 미국 교사가 실제 경험을 바탕으로 시나리오를 공동으로 쓰고, 그 가운데 한 교사는 학생들과 출연하였다.

큐멘터리 〈아메리칸 티처〉(2011)는 입직 후 5년 이내인 교사의 절반 정도가 경제적 또는 심신쇠약 등의 이유로 이직하는 현실을 전해 준다. 우리나라도 교직에 대한 만족감은 떨어지는 반면에 정서적 소진이 커지면서 교실을 떠나는 젊은 교사가 늘고 있다(백승호, 2023. 5. 24; 허주 외, 2023).

개학 준비를 위해 모인 교직원은 인사를 나눈다. 체육 교사는 학생들이 조금 거칠기는 해도 봐줄 만하다며 신임 교사를 위안한다. 수학 교사는 주로 구구단을 가르치고 수학은 덤이라면서 웃음을 준다. 은퇴를 앞둔 교사는 용기를 내라고 좌중을 격려한다. 교장은 새 시간표를 알려 주고 점심시간을 이용한 간소한 파티를 안내한다. 교사들은 서로의 시간을 조정하고 교재와 교수법을 상의하고 학생들의 품행에 대해서도 전해 준다. "괜찮고, 아니고, 괜찮고, 조심하고, 괜찮고, 전혀 안 좋고……."

프랑스 중학교는 우리나라의 초등학교 6학년을 포함하는 4년 체제다. 중학교의 첫해는 적응 기간이고, 둘째와 셋째 해는 적성과 진로를 찾고, 마지막 학년은 진로를 정한다(이민경, 2016: 259-281). 프랑수아는 우리의 중학교 2학년에 해당하는 학급을 맡는다.

정장 차림의 프랑수아는 교실 입구에서 학생들을 맞이한다.[5] 교실로 들어온 학생들은 떠들고 장난치고 마음에 드는 자리를 골라

---

5) 프랑스의 학생들은 정해진 등교 시간까지 밖에서 기다리다가 반별 인솔자를 따라서 건물 안으로 들어가면, 담임이 교사(校舍)나 교실 입구에서 맞이한다.

잡으려 한다. 프랑수아는 잠시 지켜보다가 목소리를 높인다. "그만, 조용! 아래에서 줄 서는 데 5분, 오는 데 5분, 교실에서 5분, 15분이 날아갔다. 다른 학교는 한 시간을 꽉 채운다." 프랑수아는 툴툴거리는 학생에게 손든 다음에 말하라고 지적한다. 학생은 언짢아 한다. "55분이지 1시간은 아니잖아요. 다른 학교와 비교하지 마세요."

프랑수아가 각자의 이름을 종이에 써서 책상 위에 세우게 시키자, 방금 전에 토를 단 학생이 묻는다. "왜 이름을 써야 하죠?" 프랑수아는 알려 준다. "서로를 알기 위해서지." 다른 학생이 친구 편에 가세한다. "지난해에 같이 배웠잖아요." 프랑수아가 "새로운 친구들도 있잖니?"라고 말하자, 학생은 어깃장을 놓는다. "안 쓸 거예요. 선생님도 안 쓰잖아요." 프랑수아는 해외에서 이주해 온 학생이 어렵다고 말한 단어를 칠판에 쓴다. 학생이 또다시 딴지를 놓는다. "아는 건데요." 프랑수아는 받아넘긴다. "모르는 친구도 있지." 학생은 한마디를 더 보탠다. "쟤 빼고 다 알아요."

이렇듯 말꼬리와 트집 잡기는 다반사다. 말끝마다 시비를 걸고, 태도를 뭐라 하면 야단치는 거냐고 반발하고, 딴전 피우다 지적을 받으면 별 대수냐는 듯이 버티고, 쓸데없는데 왜 배워야 하냐고 따진다. 학생들은 자기들 사이에 떠도는 프랑수아에 대한 뜬소문을 사실인 양 대놓고 물어보고 은어를 써서 놀리려 든다. 의심은 확신만큼 강하고 지속적인 결속력을 지닌다(〈다우트〉, 2008). 이런 학생들에게는 볼테르의 경구를 들려주고 싶다. "의심을 품는 것은 유쾌한 일이 아니고, 확신에 빠지는 것은 현명한 일이 아니다."

프랑수아는 학생이 턱없는 말을 하더라도 토론으로 이끌려고 애쓴다. 하지만 도를 넘는다 싶으면 예를 차리라고 단호하게 지적한다. 자유분방한 교실이라도 예절과 질서는 수업을 수업답게 유지하는 보루다. 어떤 경험담은 이렇게 전한다(변은자. 2021. 3. 13.). "프랑스는 생활 습관과 태도에는 엄격해도 교육 방식은 느리고 여유롭다. 아이는 어른과 끊임없이 토론하면서 자신의 자리를 찾아간다."

프랑스 교육은 문학과 철학을 중시하고 토론과 작문을 통해 비판적 사고력과 의사소통의 역량을 키우는 데 중점을 둔다. 대입 자격고사인 '바칼로레아'는 이를 잘 보여 준다. 예를 들면, 논술 주제로는 '자기가 의식하지 못하는 행복은 가능한가? 우리는 진실을 포기할 수 있는가? 우리는 예술에 대해 무감각할 수 있는가?' 등이 있다. 또한 뒤르켐의 『사회분업론』, 존 스튜어트 밀의 『논리학의 체계』, 사르트르의 『존재와 무』 등에서 발췌한 지문이나 신문 논설을 설명하고 분석하고 비평해야 한다. 논문 심사의 축소판이라고 불리는 구술시험에서는 학생마다 세 명의 심사위원 앞에서 주제 발표와 질의응답과 반론이 섞인 토론을 20분 동안 한다(김현경, 2023. 1. 11.; 이영자, 1994. 9.; 이지현, 2022; 한혜란, 2021. 6. 18.; 한혜란, 2021. 6. 22.; Lemonde, 2021. 6. 17.). 평소에 독서 생활과 토론 경험이 풍부해야만 제대로 치를 수 있는 시험이다.

수업 중에 학생이 책 읽기를 마다하면서 이상한 소리를 내자, 프랑수아는 이 태도에 대해 학생들에게 묻는다. 여럿이 손을 든다. 질문을 던지고, 잘못된 정보가 언급되면 수정해 주고, 샛길로 빠지지 않도록 방향을 잡아 주는 어느 프랑스 교사들처럼(이지현, 2022: 56), 프랑수아도 옥신각신 오가는 말을 토론으로 이어 가고자 한다. 소리를 낸 학생은 자신이 한 행위를 두고 이러쿵저러쿵하는 상황을 따지다가 말꼬투리를 잡는다. 〈더 티처〉(2017)에는 이런 장면이 나온다. 교사의 꼬투리를 잡으려는 중학생은 화를 치밀게 하려고 일부러 긁는다. 학생은 교사가 책상을 손으로 내리치자 얼굴을 빤히 바라보며 당돌하게 도발한다. "나도 쳐 보지요?"

프랑수아는 계속 따지고 드는 학생에게 나중에 따로 이야기하자고 일단락을 짓는다. 수업을 마친 뒤, 실랑이를 벌인 학생에게 가정과 소통하는 매개인 알림장을 내놓으라고 한다. 학생이 교탁에 던지듯 꺼내 놓자 제대로 다시 건네고 진심을 담아 사과하라고 요구한다. 학생이 마지못해 공손한 태도를 보이자 다독이고 끝내지만, 교실을 나가던 학생은 기다리던 친구들과 낄낄거리며 척했을 뿐이라고 비아냥거린다.

수업 시간에 학생들 간 감정싸움이 벌어진다. 한 학생은 제지하는 교사에게 대들고 친구들에게 욕을 한다. 프랑수아는 해당 학생을 교장실로 데려간다. 나머지 학생들의 수업 결손을 줄이고자 서둘러 따라오라고 하지만, 학생은 일부러 시간을 끈다. 프랑수아는 언행이 문제라고 교장에게 알리고 맡긴다. 품행에 관한 문제는 어느 선까지는 교장의 지도로 끝나지만, 심하면 징계위원회에서 다룬다.

  야간에 열린 학교운영위원회에서 교장은 인사를 한 뒤 회의의 목적을 알린다. 안건 가운데 하나는 교무회의에서 논의된 '상벌점제'로, 이를 제안한 교사가 운영 방법을 설명한다. 기본 점수가 사라지면 징계위원회로 넘어간다는 말을 들은 학부모는 처벌에 치우친다는 우려를 표한다. 위원들은 상점이 많으면 큰 잘못을 해도 점수만 깎일 뿐 제때 지도가 어려워져 오히려 교사를 옭아맬 수 있다거나 어느 경우든 예외는 없어야 한다는 의견을 나눈다. 교장은 신중할 필요가 있다는 의견을 밝히고 다음 안건으로 넘어간다.

  우리나라도 학교운영위원회가 자리를 잡았지만, 이보다 더 앞선 프랑스는 학부모에게 '알 권리, 회의의 권리, 참여할 권리'를 명시적으로 부여하고(김현경, 2023), 더불어서 학급위원회를 둔다. 다음은 프랑스의 학급위원회에 관한 기고문에서 발췌한 내용이다(이영자, 1994. 9: 54-57).

> 학급위원회는 교장, 학년 부장, 담임교사, 교과교사, 진로 상담교사, 해당 반의 학부모와 학생 대표, 보건 전문가 및 사회복지직이 참여한다.[6] 회의는 1년에 세 차례 열리고, 학년말에는 학업성취를 총결산한다.
> 학년말 회의는 먼저 교과별로 교사가 학생들의 전반적인 학업 태도와 결과는 어떤지를 설명하고 총평을 덧붙인다. 그다음은 성적을 근거로 학생별로 학업과 생활 태도의 특이점을 언급한다. 마지막은 성취 기준과 개별 학생의 특수한 사정을 고려한 논의를 거쳐 우등과 낙제를 정한다.
> 성적표는 과목별 학생 본인의 점수, 과목별 최고와 최저 점수 및 전체 학생의 평균, 그리고 전 과목을 합산한 학생 본인의 평균, 최고와 최저 평균, 전체 학생의 평균을 표기하여 개별의 성취 수준을 가늠할 수 있다. 보고서는 학부모 대표가 작성해서 학생을 통해 가정에 보내거나 우송한다.

사정(査定)과 관련한 회의가 열린다.[7] 교사들은 동석한 두 대표 학생에 대해서도 개의치 않고 의견을 나눈다. 교장은 우수하다는 언급을 듣고 표창해도 되겠냐고 묻는다. 다른 교사는 태도에 문제를 보이고 더 잘할 수 있는데 그렇지 못한 점이 걸린다고 밝

---

[6] 기고문의 '학급위원회 보고서' 예시를 보면, 보건 및 사회복지 관계자는 필요할 때 참여하는 것으로 이해된다.
[7] 학생 개별의 '유급' '월반' '진로'는 담임교사가 '교사위원회'에 제출한 학생기본평가서에 기초해서 다면평가 방식으로 검토한 다음에 학교운영위원회에서 다루어 결정한다(이민경, 2016: 259-281). 중·고등학교의 학생 대표는 학교운영위원회의에 참석해서 발언할 수 있다. 영화의 이 장면이 학교운영회의인지 학급위원회의인지는 애매하게 보인다.

한다. 갈리는 견해를 청취한 교장은 '똑똑하니 앞으로 더 잘하리라 기대함'이라고 종합해서 기록하고 '우수'로 판정한 뒤에 서명한다. 다음으로 들여다볼 학생은 성적과 태도 둘 다 문제다. 교장은 의견을 모아서 정리한다. '태도의 변화에 따라 성적이 향상할 가능성이 있음.' 그다음 차례에서 교사들은 한목소리로 골칫거리라고 한다. 학생 대표는 과자를 먹으며 손을 든다. 교장의 지적에도 해당 학생의 종합 성적은 올랐다고 한마디하고 또 먹는다. 교장은 태도를 거론하는 중이라고 짚어 준다. 교장은 해당 학생에게 경고를 내려야 할지를 위원들에게 묻는다. 프랑수아는 학습 능력이 부족할 가능성을 내비친다. 교장은 그렇게는 기록할 수 없다고 자른다.

대표 학생은 회의 내용을 반에 흘린다. 프랑수아는 이를 지적한다. 대수로운 일이 아니라는 투의 반응이 돌아오자 프랑수아가 발언 수위를 높이고, 학생은 이를 따지고 든다. 그렇게 본질은 가려지고 말꼬투리로 가타부타한다. 이 와중에 위원회에서 자신에 관해 오고 간 대화에 불만을 터트리며 끼어든 학생에게 프랑수아는 교칙을 언급하면서 자제시킨다. 불손한 언행 때문에 교장의 지도를 받은 적이 있는 이 학생은 해 볼 테면 해 보라고 성질을 부리며 교실을 나가다가 잘못되어 친구의 얼굴에 상처를 입힌다.

프랑수아에게 상황 설명을 들은 교장은 징계위원회에서 다루어야 한다고 판단한다. 프랑수아는 별개의 일이 연이어 일어난 것이라고 덧붙인다. 교장은 이틀 더 숙고할 시간을 가진다. 교사들은 묵과할 수 없다고 목소리를 높인다. 평소에는 처지가 딱한 학생을 물심양면으로 돕지만, 이번은 냉정하다. 학생의 가정 사정이 마음에 걸리는 프랑수아는 요식 절차일 수 있는 징계위원회의 결정에 신경이 쓰인다. 교장은 발단이 된 학생과의 언쟁을 프랑수아에게 추가로 확인하고, 누락되어 불리하게 작용하면 안 되니 경위서에 넣으라고 요청한다. 세세할 필요는 없지만 있는 그대로 쓰라고 당부하고 검토할 기회를 마련한다.

징계위원회가 열린다. 교장, 학년 부장을 포함한 교사 넷, 학부모 둘, 학생 둘, 징계 대상인 학생과 엄마가 참석한다. 교장은 사건 경위를 읽고, 나쁜 학생이라는 게 아니라 의도이든 아니든 수업을 해친 행동이 쟁점이라고 알린다. 모자에게 소명할 기회를 준다. 학부모 위원은 경위서에 적힌 프랑수아의 언사를 고려해야 할 뿐 아니라 회의 참석도 부적절하다고 지적한다. 교장은 선출된 교원 대표로서의 참석이라고 옹호한다. 프랑수아는 해당 언사는 사안과는 직접 관련이 없다고 대응한다. 다른 교원 위원은 교사에게 대들고 함부로 교실을 나가는 일은 어떤 경우든 있을 수 없다고 거든다. 교장은 잠시 나갔다 들어온 모자에게 투표 결과를 알린다. 그리고 통지문은 등기로 발송되고 8일 이내에 이의를 제기할 수 있다고 안내한다. 교장은 최선을 다해 전학할 곳을 알아보겠다면서 회의를 마친다.

이처럼 학교에서 문제가 발생하면 전모를 파악하고, 관련자들의 의견을 충분히 청취하고, 적용할 절차와 타당한 규정을 검토하고, 숙의해서 처리해야 한다. 조금이라도 더 합리적으로 결정하고 불만을 최소화하고자 한다면, 해당 규정을 만들 때 배제된 이해 당사자의 입장은 무엇일지를 살피고, 개별의 상황도 헤아려야 한다. 일률적 잣대를 앞세우면 법적 관점만 따르는 사법기관과 별반 다르지 않고, 교육자에게 기대되는 전문성의 발휘와도 거리가 멀다. 학생을 돌보고 성장을 돕는 교육자의 본분을 고려한다면, 학생에게 가장 유익한 최선의 해결책은 무엇일지를 고심해야 한다(정일화, 2020: 115; 정일화 외, 2024a: 30-32; Shapiro & Stefkovich, 2010: 66-68).

수업 분위기를 해치는 한 명이 빠져서 그런 걸까? 철이 날 때가 된 걸까? 마무리를 짓는 교실은 차분하다. 학생들은 그동안 배운 소감을 돌아가면서 발표한다. 늘 토를 달던 학생은 수업에서 다룬 책은 수준이 낮아서 법대생 언니가 공부하는 플라톤의 『국가론』을 혼자 읽었다고 밝힌다. 한 학생은 어느 수업에서든 무엇을 어떻게 할지 모르고 아는 게 없다고 의기소침해한다. 프랑수아는 교실을 나가는 학생들에게 학급 문집을 나눠 준다. 학생들은 쓰기를 시작할 때는 시큰둥했지만 막상 문집을 받아 들고는 좋아한다.

방학을 맞는 학생들과 교사들은 학교의 좁은 마당에서 약식으로 축구를 한다. 교장은 수문장으로 나선다. 학생들에게 진저리를 치며 교단을 떠날 듯이 낙담하던 교사도 함께 뛴다. 모두는 모처럼 홀가분한 한때를 보낸다. 영화는 이리저리 의자가 흩어진 빈 교실의 창밖으로 응원 소리가 간간이 들리는 장면으로 끝을 맺는다. 예로부터 가르치는 일은 마음고생이 심하다고 하지만, 가면 갈수록 더한 인내가 요구된다. 아이들이 바르게 성장하도록 돕는 교단에서의 보람은 속을 까맣게 태우고 애를 끓이고 끓인 결정체라고 말해도 지나치지 않다.

스탠드 앤 딜리버

"기대만큼 학생은 성장합니다."

미국 의회 도서관의 국가 보존물로 지정된 〈스탠드 앤 딜리버(Stand and Deliver)〉(1988)[8]는 히스패닉계가 대다수 다니는 가필드 고등학교의 실화다. 이 학교의 제이미 에스칼란테(Jaime Escalante, 1930~2010) 선생님은 형편없는 학생들을 가르쳐 '대학 학점 선 인정 미적분 시험(Advanced Placement Calculus Exam)'에서 탁월한 성과를 거둔다. 그는 여러 대학에서 명예 박사학위를 받고, '소행성 5095'의 이름으로 붙여지고, 교사 명예의 전당에 헌정되고, 기념우표로도 발행된다.

학교에서 가르치고 싶은 마음에 잘나가는 컴퓨터 회사를 그만 둔 마흔 중반의 에스칼란테는 출근 첫날부터 버릇없는 학생들의 말과 행동을 태연히 받아치고 단호하게 대하며 호언장담으로 권위를 새긴다. "조심해라. 여기는 내가 맡은 수학반이다. 나는 수학

---

8) Ramón Menéndez 감독, Edward James Olmos 출연. 미국 제작. 우리나라에서는 〈스탠드 업〉의 제목으로 개봉되고 청소년 관람 불가 등급으로 분류되나 기준에 의문 부호가 붙는다.

의 챔피언이다!" 질서를 막 잡아가는데 뜬금없이 종이 울리자 학생들이 쏜살같이 밖으로 빠져나간다. 곧바로 교장이 외친다. "교실로 돌아가라. 잘못 울렸다." 누군가 수업을 훼방 놓으려고 벌인 짓이다.

미화와 청결은 학급의 질서와 떼려야 뗄 수 없다. 다음 날 에스칼란테는 낙서가 지워진 정돈된 교실에서 요리사 복장으로 서 있다. 학생들은 손님이 음식을 주문하듯이 장난을 건다. 선생님은 탁자에 놓인 사과를 조각내어 자른 다음에 분수에 대해 질문한다. 시선을 집중시키고 압도하는 기운이 느껴진다. 수업 도중에 들어온 불량배가 "누가 쏴서서 나오게 한 거야?"라면서 째려보고 욕설을 빗댄 손가락을 얼굴에 들이대도 에스칼란테는 눈썹 하나 까딱 않고 자신도 한가락한다면서 손가락을 쥐락펴락 구구단을 해 보인다. 불편한 상황을 여유롭게 넘기는 담대함이 엿보인다.

이튿날 불량배는 패거리를 달고 온다. 에스칼란테는 교실 조직의 보스인 양, 자신의 구역에서 나대지 말라고 경고한다. 대화에는 격의가 없지만 태도는 확실하게 잡는다. 학생들은 에스칼란테의 지나치다 싶은 말에도 웃음을 터트린다. 몰려다니는 한패의 눈총을 의식한 학생이 학교와 집에 두고서 볼 교재 두 권을 달라고 청하자 에스칼란테는 덤으로 한 권을 더 안기는 넉넉함을 보이면서 묻는다. "나는 얻는 게 뭐냐?" 학생은 넉살을 떤다. "보호해 드리죠."

에스칼란테는 '−2+2'는 얼마인지에 대한 응답을 격한 말투로 채근하고, 황당해하는 학생이 눈이 동그래져 답하자 곧바로 치켜세운다. "너희는 수학의 피가 흐른다. 그리스와 로마 사람은 '0'의 개념을 생각하지 못했지만, 너희의 선조인 고대 마야인은 최초로 사용했다." 들었다 놓았다 하면서 자존감을 살리는 말에 기분이 좋아진 학생들은 호감을 보인다. "선생님, 멋져요!"

학생의 기를 살리는 에스칼란테처럼, 극작가 자신의 학생 때 사연을 담은 〈댓츠 왓 아이 엠〉(2011)의 선생님은 글짓기에 자신감이 부족한 학생을 이렇게 격려한다. "나는 너의 글이 멋지다고 생각한다. 너는 다양하고 예리한 시각으로 사물을 바라본다. 아직 엉성한 문법과 맞춤법 뒤에는 위대한 작가의 심장과 영혼이 숨어있다고 믿는다. 네가 즐겁게 하면 언젠가는 잘하게 될 거다." 뜻밖의 기대에 놀란 학생은 되묻는다. "정말요?"

에스칼란테는 기본적 기능과 더불어서 개념을 이해하고 공식의 적용 과정을 논리적으로 설명할 수 있게 가르친다. 선생님은 '−(−2)=+2' 등식의 저변을 묻는다. "이런 이유는 뭘까?" 이와 비슷하게, 〈하버드 대학의 공부벌레들〉(1973)의 킹스필드 교수는 암기력보다 분석력이 핵심이라고 확언한다. 영화의 로스쿨에서는 '포토그래픽 메모리'로 판례를 몽땅 외울지라도 사실 관계를 파악하지 못하면 탈락의 고배를 든다. 그는 연이은 비판적 질문을 통해 올바른 개념에 도달하게 하는 대화법인 '소크라테스 문답법'으로 학생들이 문제의 본질을 자각하게 한다.

학교는 주 당국의 기초학력 성취 기준에 미달한다. 이를 낙후된 지역 탓으로 돌리는 교과부장은 모든 교사가 매달려도 글을 읽지 못하는 학생들을 데리고 수학을 어찌 가르치겠냐고 넋두리한다. 하지만 에스칼란테는 남다르다. "나는 할 수 있습니다." 솔깃한 교장은 필요한 것을 물어본다. 에스칼란테는 다짐하듯 대답한다. "단 하나, 할 수 있다는 열정입니다." 무슨 일이든 어떻게 마음먹느냐에 따라서 그 성과는 달라진다.

에스칼란테는 학생들을 자극한다. "어떤 이들은 이름과 피부색 때문에 너희를 깎아내린다. 하지만 수학은 아주 공평하다." 해내리라 결심한 선생님은 수업을 활동적으로 한다. 학생들을 교실에 한편에 세워 놓고 해 온 과제에 대해 일일이 묻고,[9] 박자에 맞춰 손뼉을 치며 공식을 외우게 하고, 칠판에 적은 문제를 큰 소리로 읽게 시킨다. 금요일에는 한 주를 총결산하는 시험을 본다.

한 번 보는 것이 백 번 듣는 것보다 낫다. 학생들이 꿈을 키우기를 바라는 에스칼란테는 친구가 운영하는 컴퓨터 회사로 현장 체험 학습을 나간다. 흰색 가운을 걸친 학생들은 연구원이 다 된 표정이다. 한 학생이 컴퓨터 화면에 뜬 뭔가를 보고 묻는다. 에스칼

---

[9] 숙제는 피드백이 따르면 효과가 높아진다(Marzano et al., 2010: 79). 실제에서 에스칼란테는 해 온 숙제에 대한 질문에 학생이 제대로 답을 해야 교실에 들어오게 하고, 이 확인이 끝나면 10분 퀴즈로 수업을 시작했다.

란테가 대학에 가면 배울 '미적분'이라고 알려 주자, 그의 친구는 자기 딸은 학교에서 배운다고 흘린다.

에스칼란테는 다른 학교에서 할 수 있는 일이라면 자신도 할 수 있다고 생각하고, 미적분의 선수 학습 과정을 방학 중에 개설하겠다고 밝힌다. 교과부장은 가당치 않다고 자르고, 교장은 기존대로 기초를 보충해야 한다고 짚는다. 에스칼란테는 강좌를 열든 자신과 작별하든 하나를 고르라고 압박한다. "학교를 바꾸려면 꼭대기에서 시작해야 합니다. 기대만큼 학생은 성장합니다." 교과부장은 자신이 그만두겠다고 맞선다. "나도 아이들을 생각합니다. 노력했는데 성공하지 못하면 알량한 자존심마저 날려 버릴 겁니다. 그건 되돌릴 수 없습니다." 교사의 생각의 갈래는 갈려도 학생을 위하는 마음은 같다.

교사가 학생에 거는 기대에 따라 학생이 거두는 성취는 다른 차이를 보인다. 높은 기대치는 학생의 동기를 키운다. 교사가 학생의 잠재력과 가능성을 알아주면, 학생은 자기가 품고 있는 씨앗을 틔우기 시작한다. 미국의 '블루리본 스쿨'[10]은 학생에 거는 높은 기대는 성공으로 이끄는 요체라고 믿고 이같이 내세운다(주삼환 외, 2009). "모든 아이는 닿을 수 있는 가장 높은 목표에 도달해야 한다. 높은 기대를 설정하면, 학생은 그 기준을 충족하게 된다.

---

10) 미국의 교육부가 매년 선정하는 최우수 학교에 붙이는 명칭이다.

교사가 학생이 할 수 있다고 믿으면, 학생은 할 수 있다. 모든 학생을 아인슈타인이라 생각하고 가르친다. 학생들을 매우 자랑스럽게 여긴다."

학생들은 여름 방학 내내 매일 오전 7시부터 정오까지 창고 같은 지하 교실에서 삼각법과 기초 수학의 한 분야인 해석학을 공부한다. 에스칼란테는 땀범벅인 학생들에게 시원한 무언가를 '생각하라!'라고 외친다. 에스칼란테와 죽이 착착 들어맞는 학생들은 '시원하다!'를 연호한다. 이 장면은 나의 기억과 겹쳐 웃음이 절로 지어진다. 오래전, 푹푹 찌는 교실에서 대입 준비로 땀에 젖은 학생들에게 벽과 천장을 에스키모의 이글루로, 더위를 식히느라 물을 뿌린 바닥을 빙판이라 상상하라 말하지 않았던가.

학생의 별명으로 아인슈타인과 마야인이 등장할 정도로 성과가 나타난다. 새 학기를 맞은 학생과 학부모는 미적분을 본격적으로 시작하겠다는 다짐을 담은 서약서에 서명한다. 이렇게 연서하는 장면은 다른 영화에서도 볼 수 있다. 학생다운 차림이 긍지의 표상이라고 강조하는 〈캠퍼스 히어로〉(1986)의 교장은 복장 수칙이 담긴 생활 규정을 들고 가정까지 찾아가서 서명을 받는다.

에스칼란테는 목표 설정과 동기부여를 통해 의욕을 불러일으킨다. "AP를 통과하면 대학 학점을 따고 엔지니어가 되는 거다." 그는 방과 후에 하는 돈벌이 때문에 빠지려는 학생을 찾아가서 일침을 가한다. "너는 앞날을 내다보지 않는구나." 코앞의 달콤함이 아니라 멀리 보고 제때 땀을 흘려야 하고 시작하면 끝을 보아야 한다. 에스칼란테는 수업 중에 잠을 자는 행위는 '선생님에 대한 모욕'이라고 단언한다. 그런데 잠에 취한 학생이 사분면을 찾는 중이라고 비몽사몽 중얼거리자, 계속 공부하라면서 담요까지 깔아 준다. 어떤 상황이든 익살을 빠트리지 않는다.

공부에 재미를 붙이고 거리의 패거리와 결별한 학생은 단둘이 지내는 할머니의 병원비를 마련하느라 지각을 한다. 사정을 모르는 에스칼란테는 속을 뒤집어 놓는다. "직업상담실에서 널 찾더라. 나가서 자리 잡으면 엽서나 한 장 보내라." 이 말에 속이 상한 학생은 교실을 나가 버린다. 학생을 지도할 때는 겉뿐만 아니라 속사정도 살펴야 한다.

실화 〈위험한 아이들〉(1995)의 학생은 목숨을 위협받는 처지를 털어놓고자 어렵게 마음먹고 교장실을 찾아가지만. 노크를 안 한 무례를 이유로 면담을 거부당하고 거리에서 주검으로 발견된다. 〈속단하지 마세요〉(2020)의 교사는 연일 지각하는 어린 학생의 손바닥을 매일 때린다. 얼마 후, 부친의 휠체어를 밀어 주느라 늦는 사정을 뒤늦게 알고서는 아이의 손을 보듬어 준다. 〈스쿨 오브 락樂〉(2021)의 직업계 학교의 교장은 술 냄새를 풀풀 풍기며 등교한 신입생의 딱한 사정을 알고 눈시울을 붉힌다. 꾸짖기 전에 들여다보는 넉넉함이 필요하다.

크리스마스 연휴가 시작되는 저녁 식사 때 에스칼란테의 아내는 아들에게 푸념한다. "아버지는 학교에서 주당 60시간을 가르치고, 야간학교 봉사를 하고, 이제는 남는 시간에 중학교까지 간다고 하시는구나." '스탠드 앤 딜리버'는 '최선을 다해 소임을 이룬다'라는 뜻이다. 에스칼란테는 필요한 이에게 자신을 몽땅 내주려는 사람 같다. 이때, 교실을 박차고 나갔던 학생이 집으로 찾아와 배움을 향한 뜻을 밝힌다. "선생님, 저는 미적분이 필요해요."

〈선생님!... 좋아해도 될까요?〉(2017)에서 "선생님은 학생이 귀찮게 해도 받아주는 게 일이잖아?"라는 대사처럼, 교사는 학생을 위해서라면 시도 때도 없이 시간을 내는 게 일상이다. 나의 경우에 근래 자정쯤 잠자리에 들려고 하는데, 직접 가르치지는 않았지만 얼굴과 이름이 떠오르는 졸업생이 고등학교를 마친지 15년이 지나서 통화를 원했다. 학생이 찾는 한, 교사는 퇴근도 은퇴도 없다.

에스칼란테는 AP 시험을 보름 앞두고 과로로 쓰러진다. 의사는 한동안 절대 안정을 취하라고 하지만 이틀 만에 교실로 돌아와 외친다. "내가 있을 곳은 바로 여기다. 너희는 최고다!" 학생들을 위해서라면 다 내주고 싶은 그의 마음이 읽힌다. 에스칼란테의 복귀에 흥이 난 학생들도 한번 물면 끝을 보겠다는 결기를 품고, 학교의 상징인 '불도그(bulldog)'를 일제히 외치고 으르렁거린다.

평가 기관인 ETS(Educational Testing Service)의 감독하에 시험이 치러진다. 며칠 뒤, 전원이 통과했다는 성적 통지서가 도착한다. 그런데 ETS는 히스패닉계 이름의 여럿이 한 문제에서 같은 오답을 선택했다는 이유로 부정행위를 의심한다. 우여곡절 끝에 잡힌 재시험 날짜가 하루 전에 통보된다. 에스칼란테는 마음의 준비를 단단히 시킨다. "이번은 더 어려울 거다. 내일 증명해 보이자. 너희가 챔피언임을."

에스칼란테는 성공의 열쇠는 열심히 하는 것이라고 믿는다. 실제로 그는 너무 일찍 출근해서 너무 늦게 퇴근한다는 얼토당토않은 이유로 해고될 위기까지 내몰린다. 이런 우여곡절 끝에 새로 부임한 교장의 지원을 받아 처음으로 1978년에 5명이 AP에 응시한 가운데 2명이 통과하고, 1987년에는 83명이 합격한다. 이 영화는 처음 교단에 선 1974년 이후의 과정에서 1982년 이야기가 주를 이룬다. 생전에 에스칼란테는 영화의 90%는 사실이고, 곱셈과 분수를 모르는 학생들이 미적분을 배우는 데 여러 해가 걸렸다고 밝혔다.

2010년 4월 1일, 교정에서 열린 추도식에서 학생들은 에스칼란테에게 작별 인사를 드린다. 이처럼 제자들이 세상을 떠난 선생님을 추모하는 모습은 교단에 서는 의미와 가치에 대해 깊이 생각하게 한다. 〈집으로 가는 길〉(1999)의 초등학교 제자들은 한 마을에서 40년을 가르치다 작고한 선생님과의 마지막 인사를 위해 전국 각처에서 모여들고, 꼬박 하루가 걸리는 거리를 엄동설한에 걸어서 운구한다. 다큐멘터리 〈우리학교〉(2006)의 교사는 30년을 보낸 교단에서의 고교 졸업반 마지막 수업을 암 투병 사실을 감춘 채 마치고 얼마 지나지 않아 제자들의 배웅을 받으며 임종한다. 교실에서는 교사가 학생들 곁을 지키지만, 병실에서는 제자들이 하늘나라로 떠나는 선생님의 곁을 지킨다.

미라클

"우리는 해낼 수 있다."

〈미라클(Miracle)〉(2004)[11]은 1980년 동계올림픽에서 허브 브룩스(Herb Brooks, 1937~2003) 감독과 그가 이끈 미국 남자 아이스하키팀의 이야기다. 당시 최약체였던 이 팀의 우승은 '빙판 위의 기적'이라고 불린다. 올림픽 개막을 7개월 앞둔 미국 하키협회는 대학 리그에서 우승한 브룩스에게 지휘봉을 맡긴다. 브룩스는 소련[12]이 독식해 오던 아이스하키에서 1960년 올림픽 때 깜짝 금메달을 따낸 대표 팀 출신이다. 하지만 정작 본인은 개막을 일주일 앞두고 입은 부상 때문에 팀에서 탈락한 아픔이 있다.

국가대표 감독을 정하는 면접장에서 브룩스는 발언한다. "강팀과 경쟁할 유일한 방법은 새롭게 변하려는 의지에 달렸습니다. 다 바꿔야 합니다. 체력, 속도, 창의성을 갖춘 팀으로 탈바꿈하고 최상의 컨디션으로 대회에 임해야 합니다." 브룩스의 말처럼, 해 오

---

11) Gavin O'Connor 감독, Kurt Russell 출연. 미국 제작.
12) 1991년에 해체된 공산주의 체제인 '소비에트 사회주의 공화국 연방'의 약칭이다.

던 방법으로 다른 결과를 기대한다면 앞뒤가 맞지 않는 일이다.

　세계 최강을 꺾겠다는 각오를 들은 위원들은 고고하다며 비아냥거리고 창피를 면할 걱정이나 하라고 깎아내린다. 브룩스는 끄떡하지 않는다. "그래야 도전할 맛이 나죠. 그동안 패한 원인은 실력 때문이 아닙니다. 우리는 개인기에만 의존하고, 우승 팀은 개인기를 십분 활용합니다. 팀워크가 가장 중요합니다." 다음의 대사에서 느끼듯이 아이스하키는 팀의 단합이 더더욱 강조된다(〈국가대표2〉, 2016). "아이스하키는 혼자 백날 잘해 봐야 아무 필요 없다. 하나 넘어지면 다 넘어지는 거다. 눈 감고도 누가 어디 있는지 알아야 한다."

　감독으로 선임되고 곧바로, 국가대표 후보군으로 뽑힌 아마추어 100명 가운데 1차로 26명을 선발하는 트라이아웃이 일주일 일정으로 열린다.[13] 한 위원이 나중에 주장을 맡게 될 선수를 가리키며 말한다. "동작 한번 정말 **빠르군!**" 다른 인사는 평가 절하한다. "관심 끄세요. 선발될 리 만무해요." 지도자에게는 선입견에 사로잡혀 속단하지 않고 잠재력을 들여다보는 안목과 공과 사를 구분하는 분별력이 필요하다.

　브룩스는 사전에 파악해 놓은 선수들의 상태를 확인한 다음에 명단을 코치에게 넘겨준다. 손발을 맞출 시간을 단축할 요량으로

---

13) 당시에는 아마추어만 출전할 수 있었다.

대학 리그에서 자웅을 겨루는 두 팀이 주축을 이룬다. 코치가 놀란다. "두 시간 만에 벌써 정해요?" 독단을 지적하는 협회의 질책에도 뚝심 있게 밀고 나간다. "선수 선발의 결정권은 감독에게 있습니다."

브룩스는 자신이 구상한 작전의 적격자를 고른다. 4회 연속해서 올림픽을 제패한 노련한 팀에 대비되는 평균 연령 21세의 패기와 체력과 속력을 갖춘 선수들로 진용을 짠다. 빼어난 선수도 빠졌다고 의아해하는 코치에게 브룩스는 담담히 흘린다. "각기 이유가 있어서 선택했네." 코치는 궁금한 게 많다. "이 선수는 후보인가요?" 브룩스는 솔직하게 알려 준다. "겉은 그렇지만 실은 주전이야." 코치가 놀란다. "주전으로 내세운 선수는 감독님 팀이 우승하는 데 한몫을 하지 않았나요?" 브룩스는 분석한 바를 밝힌다. "큰 재목임은 분명하지만 올림픽에 딱 맞지는 않아."

훈련 시작부터 선수들은 대학 리그의 연장으로 여기는지 티격태격한다. 브룩스는 따끔하게 나무라고 각인시킨다. "이 순간부터 한 팀으로 시작해야 한다. 달리고, 패스하고, 유연성과 창의성이 우리의 상징이다. 우리의 무기는 다리의 근력이고, 우리의 생명은 속도다. 최종 승선 여부는 얼마나 진지한가에 달렸다." 브룩스는 매일 밤늦도록 상대의 경기를 분석하고 그 내용을 훈련에 적용한다. "한 가지 플레이로 네 가지 옵션이 생긴다." 하지만 선수들은 작전 설명을 전혀 알아듣지 못한다. 브룩스는 팀워크를 다지면서도 포지션별로 경쟁을 붙이고 호흡이 가장 잘 들어맞는 조합을 찾는다. 감독이 선수들을 지나치게 혹독히 다룬다는 코치의 우려에 브룩스와 오랫동안 함께 일한 팀 닥터는 신뢰를 보인다. "이런 건 처음이지만, 이유 없이 할 사람은 절대 아니네."

국가 대항 평가전에 나선 선수들은 신경을 딴 데 쓴다. 브룩스는 경기를 끝낸 선수들을 링크로 불러 모은다. "머릿속에 단단히 심어둬라. 그 유니폼을 입는 순간, 가슴에 새겨진 이름이 등판에 쓰인 이름보다 훨씬 중요하다!" 개인보다 팀을 앞세워야 한다는 뜻과 팀의 염원을 마음에 담아야 한다는 의미에서 팀 이름을 앞가슴에 새기는 것이 아닐까. 브룩스는 체력 단련을 겸한 차원에서 스케이팅을 반복시킨다. 코치가 도를 넘는다면서 만류해도 브룩스는 요지부동이다. "범상하면 패배뿐이다. 비범해야 한다." 초주검이 된 선수들이 쓰러지기 시작하는 상황에서, 감독의 의도를 알아차린 주장이 외친다. "나의 소속은 조국입니다." 그렇게 그들은 마침내 하나의 팀으로 뭉친다.

올림픽을 앞두고 소련 팀은 미국 프로 올스타 팀을 제압한다. 이를 지켜본 브룩스는 선수들을 독려한다. "저들은 모든 면에서 우리보다 월등하다. 유연하고 창의적이며 쉴 새 없이 움직이고, 기회를 포착하면 곧바로 득점을 시도한다. 스스로 승리하는 법을 아는 저들의 무기는 상대를 겁먹게 하는 거다. 그렇지만, 모두가 저들을 두려워해도 우리는 절대 그렇지 않다." 다음의 대사처럼,

상대와 맞서기도 전에 먼저 주눅이 들면 보나 마나 뻔한 결과이지 싶다. "왜 뉴욕 양키스가 늘 이기는 줄 아니? 다른 팀이 양키스 유니폼에 지레 기가 죽어서야(〈캐치 미 이프 유 캔〉, 2002)."

브룩스는 선수들의 의욕을 고취한다. "우리는 그들을 꺾을 방법을 안다. 방어가 아니라 허를 찔러 공격한다. 맞설 의지가 있는 팀만이 이길 기회를 얻는다. 그들에게 대적할 정도로 피나는 노력을 쏟은 팀은 지금까지 없었다. 우리는 다르다. 우리는 해낼 수 있다." 선수들은 날이 닳도록 달리고 또 달려 다리에 감각이 없을 정도로 움직이며 체력을 키우고,[15] 감독의 작전에 따라 일사불란하게 대형을 전개한다. 브룩스는 비로소 미소를 띤다. "바로 그거다!"

브룩스 팀은 올림픽 개막 3일 전에 가진 소련과의 평가전에서 완패하고, 설상가상으로 한 선수는 인대를 다친다. 협회는 부상 선수를 대체하라고 압박한다. 브룩스는 단호하게 대응한다. "지독한 훈련을 견디고 여기까지 왔는데 짐을 싸라면 말이 됩니까?" 그리고 다친 선수에게 무한한 신뢰를 보인다. "무엇이든 팀에 최선이 되어야 한다. 그래서 너를 선택했다." 브룩스는 선수 시절에 겪은 시련을 자신의 자산으로 삼는다. 실패에 좌절하지 않고 성찰

---

[15] 아이스하키 경기는 20분씩 세 피리어드(period)로 구성되고 피리어드 사이에 15분씩 휴식한다. 빙판 위에서 균형을 잡으며 방향을 순간순간 바꾸며 달리고 격렬한 몸싸움까지 해야 하므로 체력 소모가 대단하다.

하여 일어서고, 성공에 도취하지 말고 자신감을 높여야 한다.

올림픽 첫 경기의 상대는 세계 3위다. 브룩스는 막기에 급급한 선수들에게 투지를 보이라고 다그친다. 한 점을 뒤진 막판에는 전원이 공격에 가담하는 강수를 둔 끝에 극적으로 동점을 이루고 사기가 치솟는다. 이후 파죽지세로 강호를 연이어 꺾고 소련과 맞붙게 된 브룩스와 선수들은 승리를 향한 결의를 다진다. "하나가 된 우리가 사력을 다해 여기까지 왔다는 게 중요하다. 일격을 가할 날이 바로 오늘이다. 우리의 시대가 왔다. 극적인 순간은 위대한 기회(opportunity)에서 태어난다."

부상에서 회복한 선수는 그동안의 공백을 메우고 감독의 마음에 보답하려는 듯이 혼신의 힘을 다해서 팀에 활력을 불어넣는다. 마지막 피리어드를 앞두고 브룩스는 선수들의 의지를 고취한다. "지금까지 우리는 늘 상대를 따라잡았다. 반드시 이길 수 있다." 체력적 우위를 보인 끝에 마침내 한 점을 앞서게 된 선수들은 상대의 파상 공격을 온몸으로 끝까지 막아 낸다. 양 팀의 지도자는 서로의 선전(善戰)을 눈빛으로 교감한다.

브룩스는 팀의 화합과 가정의 화목을 소중하게 여긴다. 승리를 향해 끊임없이 연구하고 철저히 준비한다. 때로는 칼같이 용단을 내리고, 때로는 겸허하게 경청한다. 비난의 화살은 자신에게 돌리고 영광의 빛은 선수와 코치진에게 돌린다. 영화는 대학을 졸업한 선수들이 경영자, 회사 중역, 의사, 조종사, 하키 감독 등으로 살아가는 다양한 삶의 모습을 소개하고, 촬영 직후 세상을 떠난 브룩스가 생전에 남긴 말로 막을 내린다. "모두가 잘해 낼 거라고 믿네."

미라클 워커

"꼭 찾게 할 테다!"

〈미라클 워커(The Miracle Worker)〉(1962)는 헬렌 켈러(Helen Keller, 1880~1968)의 자서전인 『내 삶의 이야기(The Story of My Life)』(1904)를 바탕으로 한다. 헬렌은 자신을 가르치고 세상으로 이끈 앤 설리번(Anne Sullivan, 1866~1936) 선생님과 함께한 인생 여정을 이 책에 담았다(EBS, 2014). 〈미라클 워커〉는 1962년의 흑백판과 2000년의 컬러판이 있다.[1] 여기에서는 1962년 영화를 주로 다루고, 2000년 판을 살짝 얹는다.

헬렌은 생후 19개월 때 원인을 알 수 없는 열병을 앓은 뒤에 듣지도 보지도 못하게 된다. 헬렌은 커 갈수록 말썽이 심해지고, 어찌할 바를 모르는 부모는 수소문 끝에 가정교사를 추천받는다. 훗날 헬렌이 '영혼의 생일'로 기억하는 1887년 3월 3일, 퍼킨스 학교(Perkins School for the Blind)를 갓 졸업한 스무 살의 설리번은 천방

---

1) 1962년은 Arthur Penn 감독, Anne Bancroft 출연. 2000년은 Nadia Tass 감독, Alison Elliott 출연. 미국 제작.

지축인 일곱 살 헬렌과 상면한다(Keller, 1985).

  설리번은 다섯 살 때 박테리아성 눈병으로 인해 시력을 거의 잃는다. 얼마 뒤에는 엄마가 세상을 뜨고, 상심한 아버지는 집을 나가 소식이 끊어진다. 천애 고아가 된 설리번과 동생은 구빈원에 보내지고,[2] 그곳에서 동생마저 병사한다. 헬렌이 태어난 해에 열네 살이 된 설리번은 구빈원의 실태를 파악 나온 조사단의 도움을 받아 기숙학교인 퍼킨스로 옮기게 된다(Keller, 1985: 7). 배우고 싶은 간절한 바람을 이루게 된 설리번은 떠날 때 이런 말을 듣는다. "다시는 이곳으로 돌아오지 마라. 그러면 모든 게 잘될 거다(Davidson, 1992: 81)."

  우리 삶에서 좋은 건강과 좋은 교육은 아주 중요하다(〈파워 오브 원〉, 1992). 질병으로 인해 시력과 엄마와 동생을 잃은 삶의 막다른 곳에서, 실낱같은 배움의 끈을 잡아 일어선 설리번은 건강과 교육을 소중하게 여긴다. 그는 건강은 자유의 첫째 요소이고 어떤 누구든 교육이 필요하다고 역설한다(Keller, 1985: 100, 188). 지식을 전달하고 지성을 자극하고 정신을 고양하는 교육은 고결한 영혼을 위한 은총이다.

  여러 차례의 수술 끝에 미약하나마 시력을 회복한 설리번은 헬렌을 만날 기대로 부풀어 기차에 오른다. 며칠을 달린 기차는 전

---

[2] 당시의 구빈원은 빈민과 고아뿐 아니라 범죄자도 수용하였다.

원풍의 조용한 역에 닿는다. 설리번은 마중 나온 헬렌의 엄마를 만나자마자 헬렌부터 찾는다. 의욕이 넘치고 낙천적이고 직설적인 성격이다. 집에 도착한 설리번은 헬렌이 서 있는 현관의 계단 발판에 짐가방을 내려놓는다. 진동을 느낀 헬렌은 들기에도 버거운 가방을 차지하겠다고 나선다. 이를 지켜본 설리번은 혼잣말로 흘린다. "너와 씨름할 일만 남았구나."

설리번은 헬렌이 뭔가를 요구하면 '지문자(指文字)'를 따라 하게 한 다음에 들어준다. 설리번은 헬렌의 손을 잡고 손놀림을 감지하게 하고, 이를 흉내 내는 헬렌에게서 잠재력과 가능성을 느낀다. "뜻은 몰라도 되니 따라만 해라." 제멋대로인 헬렌을 가르치는 길은 가시밭길이다. 헬렌은 성질대로 안 되자 설리번의 치아를 부러트리고 방문을 재빠르게 잠가 가두고 열쇠를 마당에 묻는다.[3] 배움의 통로를 꽁꽁 막겠다는 뜻으로 읽힌다. 설리번은 통증을 참으면서 중얼거린다. "깜찍한 녀석이네."

설리번은 헬렌이 일부러 엎지른 잉크를 치우는 대신에 만지게 하고 지문자를 전달한다. 헬렌의 엄마는 묻는다. "알아들을까요?" 설리번은 확신한다. "따라 하다 보면 어느 순간 깨치겠지요." 깨달음은 번개처럼 온다(〈블랙〉, 2005).[4] 엄마는 의문을 품지만, 설리번은 어떻게든 해내리라는 의지를 보이고 일깨운다. "헬렌은 어머니가

---

3) 헬렌 켈러의 자서전에서는 복도의 옷장 밑에 감춘다(Keller, 1996: 7).
4) 〈블랙〉(2005)은 『내 삶의 이야기』의 일부를 따서 각색한 인도 영화이다.

바라는 만큼 될 수 있습니다. 눈을 비추는 빛보다 언어는 정신에 더 중요합니다(〈미라클 워커〉, 2000)."

가족은 헬렌이 돌아다니면서 음식을 손으로 집어 먹는데도 내버려둔다. 설리번은 자리에 앉히려고 실랑이를 벌인다. 책상에서 펜을 쥐려면 식탁에 앉아 젓가락을 잡는 게 먼저다. 엄마는 설리번을 말린다. "선생님은 애를 잘 몰라요. 그냥 두세요." 설리번은 물러서지 않는다. "간섭하면 가르칠 수 없습니다. 태도가 안 바뀌면 한 발짝도 뗄 수 없습니다." 가족을 다 내보내고 문을 잠근 채 한나절이 흘러 지친 몰골로 나온 설리번은 전한다. "냅킨도 접었어요." 호되게 다루는 설리번에게 헬렌의 아버지가 방법을 바꾸라고 압박하자, 설리번은 되받는다. "과보호가 문제입니다. 나를 전적으로 따라야만 가르칠 수 있습니다."

외딴집으로 교육 공간을 옮긴 설리번은 희망의 각오를 다진다. "이제 내가 네게 가르쳐 줄 모든 것은 한 단어다. '전부!'" 가르치고 배우려면 심리적 관계 맺기가 필요하다. 심리학자 매슬로가 주장한 욕구의 단계를 밟아가듯 설리번은 헬렌의 목마름을 달래고 안전함을 전하고 유대감을 쌓아 가지만, 여전히 갈 길은 멀다.

설리번은 자신이 쥔 주도권을 확실히 인식시켜 헬렌의 옹고집을 꺾는다. 설리번은 헬렌이 관심을 보이는 사물의 단어를 그때그때 매번 알려 주지만, 헬렌은 놀이로만 여긴다. 설리번은 만물은 저마다의 이름으로 불린다는 사실을 헬렌이 깨우치길 바란다. 어휘력은 사고력의 선결 과제다. 단어를 모르고서는 생각할 수 없다(〈위험한 아이들〉, 1995).

설리번은 혈혈단신인 자신처럼 헬렌도 언젠가는 홀로서기를 해야 한다는 생각에서, 문자 해독에 머물지 않고 궁극적으로 '삶의 독립성'을 염두에 두고 가르친다. 훗날에 헬렌은 설리번이 가르친 방식의 일면을 밝힌다. "선생님은 내 손이 닿을 수 있는 모든 것의 특징을 나 스스로 파악하게 했다(Keller, 1985: 188)."

헬렌은 알을 깨고 나오려 기를 쓰는 병아리에 호기심을 보인다. 이를 지켜보는 설리번은 기원한다. "너도 그래야지!" 헬렌과 설리번은 줄탁동시(啐啄同時)의 때를 고대하는 새끼와 어미 닭 같다. 그날 밤, 헬렌은 잠꼬대하듯이 손가락을 꼼지락거린다. 열의와 연민을 지닌 설리번은 다짐한다. '우리에게 잠깐 맡겨진 지상의 모든 것을 너에게 가르쳐 주고 싶다. 우리는 만물에 붙인 이름이란 빛으로 느끼고 생각하고 알고 나누고 까마득한 과거도 비출 수 있다. 나는 안다. 한 단어만 깨우치면 활짝 열린다는 비밀을. 꼭 찾게 할 테다!'

설리번은 일기를 쓴다. '매일 내 부족함이 느껴진다. 나도 선생님이 필요하다. 헬렌의 내면에 닿을 길을 알려 줄 이가 어디 없을까?' 이는 시골의 초임 교사를 그린 영화의 대사를 떠올리게 한다(〈내 마음의 풍금〉, 1999). "늘 가르치는 게 일인 것 같지만, 실은 쉼 없이 배워 가는 게 선생이 아닌가 싶다." 길을 갈구하는 설리번은 밤새워 책을 읽고 결심을 다진다. "열정과 인내로 가르치면 구원할 수 있다!" 내가 가르친 교육대학원생이 쓴 다음의 글처럼, 가르치면서 자신도 성장하는 길은 가면 갈수록 그 깊이를 더하게 된다.

> "교사는 이미 된 것이 아니라 계속해서 되어 가는 과정이다. 실수하고 시련을 겪으면서 더 나은 길을 찾는 과정이다. 상처를 주고 상처를 받으면서 잘 치유하고 극복하는 과정이다. 완벽한 것이 아니라 잘못을 인정하고 사과하고 용서하며 신뢰를 쌓는 과정이다. 아이들을 끌고 가는 것이 아니라 같이 걷는 과정이다. 가르치기만 하는 것이 아니라 모든 곳에서 함께 배우고 정진하는 과정이다."

기약한 2주가 다 되지만 헬렌에게 단어와 의미는 단절된 미지의 세계다. 설리번은 사흘만 더 달라고 부모에게 부탁한다. 교육은 작은 성과에 일희일비하지 않고 꾸준하게 일구어 가는 게 필요하지만, 부모는 말썽을 안 피우는 것으로 족해한다. 어쩔 수 없이 설리번은 처음 약속한 대로 마지막까지 온 힘을 다하고 토로한다. "가르친 것은 하나뿐입니다. '하지 마라.'"

귀가를 환영하는 식탁에서 헬렌은 신경을 건드는 행동을 일부러 한다. 설리번은 확고하다. "조금이라도 받아주면 물거품이 됩니다. 제게 맡기세요." 엄마는 품 안으로 파고든 헬렌을 떼어놓는다. "선생님, 데려가세요." 교사의 교육에는 학부모의 합심이 필요하다. 그런데 응석을 받아주는 아버지로 인해 기댈 구석이 생긴 헬렌은 제지하는 설리번의 손을 물고 물을 뿌린다.

설리번은 헬렌의 손을 잡아끌고 마당으로 나간다. "참견하지 마세요. 버렸으니 떠오게 해야지요." 설리번은 한 손으로 펌프의 물을 퍼 올리면서 다른 한 손으로 헬렌의 손에 지문자를 적어 준다. 콸콸 쏟아지는 물이 헬렌의 손을 적신다. 그 순간 헬렌은 목말라 물을 찾는 아이의 옹알이처럼 입을 뗀다. 그토록 애타게 찾던 '한 단어!' 헬렌은 자서전에 다음과 같이 적었다.

"나는 시원한 물에 손을 적시면서 선생님의 손동작에 온 신경을 모았다. 갑자기, 안개에 싸인 채 잊힌 의식이 꿈틀했다. 돌아온 생각의 전율! 언어의 신비가 불을 밝혔다. 생동하는 말이 나의 영혼을 깨웠다. 모든 사물은 이름이 있고, 그 하나하나는 새로운 생각을 낳았다(Keller, 1996: 12)."

설리번은 눈물을 흘리는 헬렌을 꼭 안는다. 헬렌은 설리번을 손가락으로 살짝 찌른다. 설리번은 지문자로 전한다. '선-생-님'. 헬렌은 영혼을 깨우는 배움의 길을 열어 준 설리번의 손에 열쇠를 쥐어 준다.[5] 교육은 새로운 삶을 여는 열쇠다. 영화는 설리번

---

5) 헬렌은 설리번 선생님을 만난 지 한 달쯤 지나 첫 단어를 깨우치고 점자 읽기와 쓰기를 배운다. 이듬해 설리번이 다녔던 퍼킨스 학교에 입학하고, 이후 독순술(讀脣術)도 익힌다(Keller,1996: 42). 헬렌은 스무 살 때 시청각 장애를 지닌 여성 최초로 문학사를 취득한다.

이 품에 안긴 헬렌에게 사랑한다고 속삭이는 장면으로 끝을 맺는다. 지극정성을 다했기에 만족스러운 느낌, 이는 '사랑'이다(〈아키라 앤 더 비〉, 2006).

지구력이 강한 설리번은 한평생 헬렌과 교학상장의 삶을 산다. 스승에게 제자의 성장과 성취는 최고의 보람이요, 청출어람은 더 없는 기쁨이다. 신분 차별을 받는 제자를 영국왕립학회의 정회원으로 입성하게 이끈 하디(1877~1947) 교수는 이렇게 회고한다. "그와의 교감은 내 인생의 더할 나위 없는 낭만입니다(〈무한대를 본 남자〉, 2015)." 다음은 헬렌이 쓴 '사흘만 볼 수 있다면'의 일부다.

> "첫째 날에는. 내 곁에서 친절과 상냥함으로 내 삶을 가치 있게 해 주신 선생님을 보고 싶습니다. 내게 바깥세상의 문을 활짝 열어 주신 사랑하는 선생님의 얼굴을 오랫동안 응시하고 싶습니다. 그저 생김새를 바라보고 기억 속에 고이 간직하는 데 그치지 않고, 나 같은 사람을 교육하는 어려운 일을 해낸 공감 어린 다정함과 인내심의 생생한 증거를 찾아낼 것입니다. 선생님의 눈빛 속에서. 어떤 고난 앞에서도 굳건하게 버틸 수 있는 강한 품성과 내게도 자주 드러내신 온 인류에 대한 연민을 보고 싶습니다(Keller, 2005: 238-239; www.afb.org)."

그레이트 디베이터스

"교육이 유일한 탈출구입니다."

〈그레이트 디베이터스(The Great Debaters)〉(2007)[6]는 『미국의 유산(American Legacy)』 1997년 봄호에 실린 와일리 대학의 1935~1936년 이야기를 바탕으로 한다. 텍사스의 작은 도시에 자리한 이곳의 멜빈 톨슨(Melvin Tolson, 1898~1966) 교수는 인종 차별이 여전한 시대를 살아가는 흑인의 자존 정신을 고양하기 위해 토론 팀을 꾸려 전국 챔피언으로 이끌고, 이후 10년 동안 무패를 기록한다.

학장은 입학식에서 인사말을 한다. "우리 교육자는 축복을 받았습니다. 가장 중요한 직무인 '가르침'을 행하기 때문입니다. 학생 여러분은 어려움을 이겨 낼 의지를 깊이 새겨야 합니다. 하고 싶은 일을 하기 위해서는 해야 할 일을 먼저 해야 합니다. 교육이 유일한 탈출구입니다. 어둠에서 벗어나 영광의 빛을 향해 나아갈 길입니다." 이렇듯 새출발의 다짐은 배움을 향한 각오를 새롭게 한

---

[6] Denzel Washington 감독 및 출연. 미국 제작.

다. 유교적 전통이 서린 초등학교의 선생님은 첫날 학생들에게 이런 첫마디를 심어 준다(〈집으로 가는 길〉, 1999). "세상을 기개 있게 살아야 한다. 글을 쓰고 셈할 줄 알아야 하며, 큰일 작은 일 모두를 기록하고, 고금과 천지를 알라. 어른을 공경하라."

첫 시간에 톨슨은 출생 등록조차 거부된 흑인의 지난날을 상기시키는 시를 읊는다. "어떤 이는 금수저를 물고 태어나 딸랑거리는 별을 달아 즐기지; 나는 검은 너구리로 태어나 뼈 빠지게 일만 하네「Saturday's Child」(Cullen, 1925)." "나는 피부색이 더 진한 형제라오. 그들은 친구들이 오면 나를 부엌으로 보내네. 나는 쓴웃음을 삼키며 강해진다오. 내일, 나도 식탁에 앉으리. 나 역시 미국인이니까「I, Too」(Hughes, 1925)." "기억이 그대 가슴에 손을 얹으면, 나의 증오를 이해하리「Hatred」(Bennett, 1926)." 톨슨은 세상을 바꾸는 목소리를 강의하리라 예고한다.

전교생 360명 가운데 45명이 토론자를 선발하는 오디션에 참가한다. 톨슨은 토론은 유혈이 낭자하는 전투이고 말(言)은 무기라는 비유를 든다. 〈하버드 대학의 공부벌레들〉(1973)의 킹스필드 교수가 "이 공간을 지성으로 가득 채우라!"라고 수강생을 독려한 것처럼, 톨슨도 참가자의 분발을 부추긴다. "위험을 무릅쓰고 '분쟁 지대'로 뛰어들라!"

톨슨은 논쟁에서 자기 비하는 불필요하고 핵심을 파악하고 유머를 섞어 설득하라고 조언하고, 토론할 때 대전제를 잘못 세우면 소전제와 결론이 어긋나게 된다면서 '삼단논법'의 중요성을 일깨운다.[7] 톨슨은 '복지가 늘면 일을 열심히 안 하는가?' 같은 사회적 주제를 학생별로 다르게 제시하고 찬반의 논거를 묻는다. 그리고 '아름다움' '역사' '자기 연민'을 화두처럼 던지면, 학생들은 "모든 아름다움은 물처럼 흘러가지. 예이츠(Yeats)." "역사는 깨려고 바동거리는 악몽이다. 조이스(Joyce)." "자신을 불쌍히 여기는 야생 동물은 본 적이 없다. 로렌스(Lawrence)."라고 즉답한다. 그렇게 폭넓은 지식, 발표력, 순발력, 논리력을 확인한다.

지난해에 이어서 뽑힌 해밀턴, 지도자의 자질을 지닌 헨리, 변호사를 꿈꾸는 서맨서, 14세인 제임스가 선발된다. 제임스는 어린 나이에도 구어체를 다룬 『미국의 언어(The American Language)』[8]를 탐독할 만큼 수준이 상당하다. 톨슨은 탈락한 학생들을 위무한다. "여러분 모두는 능력을 갖추었다. 나는 조화를 고려해서 뽑았을 뿐이다. 실망하지 말고 새 시작의 기점으로 삼아라."

한적한 곳에서 학생들은 발성 연습을 한다. 톨슨은 반복해서 묻는다. "누가 심판인가? 상대는 누구인가? 상대는 왜 존재하지 않는가?" 학생들은 하늘이 승패를 결정하고, 상대는 자신들이 말하는 진실에 단지 반대하는 목소리일 뿐이라고 목청을 높인다. 톨슨은 큰소리로

---

7) 삼단논법은 "만일 A라면 B다. A다. 그러므로 B다." "A 또는 B다. A는 아니다. 그러므로 B다." 등의 형식을 갖춘다.
8) Mencken(1880~1956)이 1919년에 출간한 책으로 최근에도 유통된다.

복창하게 한다. "진실을 말하라!" 토론은 상대를 제압하려 드는 말싸움이 아니다. 진정한 토론은 서로의 지성을 자극하고 진실을 전해야 한다. 이치에 맞지 않게 억지로 끌어대거나 거짓을 참인 것처럼 그럴듯하게 꾸미지 말고 바른 마음가짐으로 임해야 한다.

첫 토론 일정이 잡힌다. 학생들은 자기주장을 입증할 논거를 준비해야 한다. 톨슨은 차근차근 기본부터 갖춰 가도록 필요한 자료를 찾는 일부터 하게 한다. 양 팀은 두 명씩 짝을 지어서 단상의 좌우에 마련된 좌석에 나눠 앉고 한 명씩 번갈아 연대(演臺)로 나와서 의견을 개진한다. 토론 과정은 각기 부여받은 찬성 또는 반대의 논증을 제시하고, 상대의 의견을 반박하고, 언급된 상호 주장을 종합해서 결론을 짓는다. 설득력을 얻기 위해서 철학, 문학, 역사에 관한 폭넓은 지식이 동원되고, 생생한 경험담은 공감을 이끄는 중요한 소재로 쓰인다.

토론은 상대적 가치가 팽팽하게 맞서는 주제에 유용하다. 미국의 교사 행동강령에 따르면, 도덕과 윤리에 관해서는 다양한 견해를 소개하는 데 그치고, 판단과 선택은 학생 스스로 하게 한다(김숭운, 2009: 27-29). 독일은 학교에서 정치적 쟁점을 다룰 때 사회의 갑론을박을 재현해 학생의 소신을 실천할 합리적인 방안을 찾게 돕는다(정일화, 2020: 53-54). 학교에서의 토론은 상호 이해의 폭을 넓힌다는 차원에서 입장을 뒤바꿔 해 보는 순서를 덧붙이면 바람직하다.

첫 번째 토론자로는 전년도 경험이 있는 해밀턴과 담력이 센 헨리가 나선다. 헨리는 상대의 주장을 반박하는 사례를 임기응변으로 인용하여 청중의 공감을 얻는다. 톨슨은 연전연승을 거두는 근황을 담은 서신을 전국의 유명 대학교로 보낸 결과, 와일리 대학은 백인 대학에 도전하는 최초의 흑인 대학이 된다. 이렇듯 굳게 닫힌 차별의 문을 여는 데는 간절한 소망, 철저한 준비와 탄탄한 실력, 뚝심, 선각(先覺)의 지도자가 중요하게 작용한다.

경찰은 톨슨이 내밀하게 소작농의 조합 결성을 돕는 일을 불온(不穩)하다고 간주하고 감시한다. 이 상황에 부담을 느낀 해밀턴은 팀에서 나가고, 서맨서가 그 자리를 대신한다. 어느 날 경찰이 총을 들고 대학에 들이닥쳐 톨슨을 체포하고, 백인 대학들은 톨슨의 노조 지원을 이유로 토론을 줄줄이 취소한다. 보석으로 풀려난 톨슨은 학생들에게 언명(言明)한다. "나의 학생, 나의 선생님의 관계는 성스러운 신탁이다. 절대 포기하지 말자." 훌륭한 지도자는 굳건한 신념의 표상이다. 〈맨발의 승리〉(2021)에서 고아 출신인 교사이자 풋볼 감독은 회의적이고 의기소침한 보육원의 선수들에게 간곡히 전한다. "진심으로 자신과 서로를 믿어라. 그러면 남들이 말하는 불가능도 이룰 수 있다. 나를 보고, 나처럼 믿음을 가져라. 내 말은 사실이니까." 이처럼, "믿음은 우리가 바라는 것들의 보증이며 보이지 않는 실체들의 확증이다(히브리 11,1)."

하버드 대학교와 겨루기 위해서는 흑인 대학의 최고봉을 넘어야 한다. 톨슨 일행은 야간에 차로 이동하는 도중에 흑인을 나무에 매달고 화형에 처하는 끔찍한 현장을 지나게 된다. 죽일 듯이 달려드는 백인 폭도를 간신히 피한 헨리는 무력하게 도망쳤다는 자괴감에 밤새 일탈 행동을 하고, 서맨서는 이런 헨리에게 실망하고 팀을 이탈한다. 다음 날 갑작스럽게 빈자리를 메우게 된 제임스는 평소의 의연한 모습과는 다르게 연단에 서기도 전에 위축된다.

그렇게 악재가 겹친 첫 패배에도 불구하고 하버드 대학의 초청을 받는다. 토론의 주제는 '자본주의는 비도덕적인가?'이다. 서맨서는 다시 합류한다. 보석 조건 때문에 함께 갈 수 없는 톨슨은 학생들을 격려한다. "나 없이도 이길 수 있다!" 헨리가 팀을 이끈다. 논제가 '정의를 위한 싸움에서 시민 불복종은 도덕적인 무기인가?'로 갑자기 바뀐다. 두 팀은 주최 측이 똑같이 제공한 몇 상자의 도서를 참고해서 48시간 안에 준비를 마쳐야 한다.

셋은 가장 공감할 사례는 아껴야 한다는 데 의견이 일치하지만, 꼭 필요한 간디(Gandhi)의 이야기를 꺼낼 순서를 두고서는 의견이 엇갈린다. 제임스는 강한 근거라는 이유를 들어 첫머리에서 거론하자고 주장하고, 헨리는 뻔한 수로는 안 된다고 맞선다. 헨리는 고심 끝에 제임스가 이번 토론에 나서는 게 낫겠다고 정리한다. 하지만 지난번에 저조했던 제임스가 나가기를 망설이자, 헨리는 제임스를 자극한다. "한 번 실패했다고 주저앉을 거냐?" 실패는 성공의 첫걸음이자 밑거름이다.

하버드 대학교의 '메모리얼 홀'은 청중으로 가득하다. 전국으로 중계되는 라디오 생방송은 최초로 흑인 대학이 하버드에 도전하는 역사적인 토론이라고 알린다. 1636년에 개교한 오랜 역사의 하버드가 새로운 미래를 여는 정신으로 흑인 대학을 초대했다는 인사말이 강당을 울린다.

영화에서 토론의 일부 과정은 생략된 것으로 짐작되는데 '발제-반박-재반박-결론'의 순서가 아닌가 싶다. '부당한 법은 법이 아니다.'와 '악법도 법이다.'의 논증 대결이 불꽃을 튀긴다. 프랑스 바칼로레아에 출제된 '법을 어기는 것은 항상 부당한가?' '정의를 위해 폭력은 정당화될 수 있는가?'라는 논술 주제와 맥이 닿아 있다. 이 같은 문제는 시대를 가리지 않는 세상사의 난제 같다.

찬성의 발제자로 나선 제임스는 침착하게 입을 뗀다. '암리차르 대학살'[9]을 인용하고, 이 만행에 대응한 간디의 비폭력 정신과 비협조 캠페인을 연결한다. 상대는 더 많은 희생자를 낸 사례를 들어서 '시민 불복종'은 무정부주의의 가장(假裝)이라고 반박한다. 서맨서는 간디가 추구한 바는 하버드 출신의 헨리 소로에게 영감을 받은 미국의 정신이라고 설파한다.[10] 상대는 소로를 독선적인 이상주의자로 내몰고, 민주주의는 다수가 도덕을 정한다고 맞받

---

9) 1919년 영국군이 인도의 무고한 시민에게 자행한 총격 사건이다.
10) 헨리 소로(1817~1862)는 시인이자 철학자로 1849년에 『시민 불복종』을 출간하였다.

는다. 서맨서는 무엇이 옳은지 그른지는 다수가 아닌 양심이 정하고, 폭압과 불의에 굴복하지 않는 시민의 항거는 도덕적 의무라고 응수한다. 상대편은 이유를 막론하고 법규를 훼손하면 도덕적일 수 없다고 재반박한다.

마지막에 다시 나온 제임스는 무고한 흑인이 목숨을 빼앗긴 목격담을 전한다. 그러면서 인간애에 눈을 감고 법조문만 따지다 외면을 받는 천부적이고 공정한 권리의 실현을 위해서는 도덕적 정의감의 발로인 '시민 불복종'은 불가피하다고 역설한다. 청중은 기립 박수를 보낸다. 톨슨은 청중석의 외진 곳에서 이를 지켜보고 학생들만의 힘으로 해내는 최종 승리를 계획대로 이루었다는 듯이 밖으로 빠져나간다.

졸업 후에 헨리는 목사가 된다. 제임스는 만민의 평등한 권리 실현을 위한 민권운동을 이끈다. 서맨서의 실존 인물인 헨리에타 웰스는 인종 차별 철폐를 위해 생명의 위험도 불사하는 '프리덤 라이더스'의 첫발을 뗀다. 이렇듯 사회 참여 의식이 강한 제자들의 멘토인 톨슨은 불평등에 처한 소작농의 노조 결성을 돕는 일을 계속한다. 시인으로도 명성을 쌓은 그는 말년에는 소도시의 시장으로 봉사한다.

지상의 별처럼

"자신의 빛깔대로 새 꿈을 짜는 거야!"

〈지상의 별처럼(Like Stars on Earth)〉(2007)[11]은 난독증 학생을 돕는 교사의 노력을 그린다. 난독증은 문자나 숫자를 제대로 인지하지 못하는 탓에 학습 부적응으로 종종 오인된다.[12] 세계 인구의 5~17% 정도는 난독증이고, 이 가운데 12~25%는 과잉행동증후군(ADHD)과 겹치고, ADHD의 최대 35%는 난독증을 보인다고 추정된다. 레오나르도 다빈치, 베토벤, 피카소, 영화감독 스필버그, 애플의 스티브 잡스, 하이테크 건축의 거장 로저스, 노벨 문학상 수상자인 처칠 수상은 난독증을 지닌 공통점이 있다.

이 영화의 감독 겸 주연인 아미르 칸은 그가 출연한 〈세 얼간이〉(2009)에서, 암기에 찌든 교육의 문제점을 풍자한다. 이 영화에서도 이른 아침 식탁에 앉아 책에서 눈을 떼지 않는 중학생에게 엄마가 밥을 떠먹일 정도인 인도의 실상을 꼬집는다. 우리나라에서 방

---

11) Aamir Khan 감독, Aamir Khan 출연. 인도 제작.
12) 〈원트 백 다운〉(2012)에서도 난독증 때문에 학교에서 곤경에 처하는 아이가 나온다.

영한 '마더 쇼크'의 엄마가 아이를 씻기고 먹여 주고 입히고 신겨서 유치원에 보내는 과보호와 다름없다(EBS, 2011. 5. 31.).

미국의 '철자 맞추기 대회(spelling bee)'에 참가한 학생들의 모습을 담은 다큐멘터리의 인도계 학생은 이렇게 말한다(〈마법의 합창단〉, 2002). "인도에서는 두 번의 기회가 없어요." 이 같은 극한 경쟁의 긴박감을 느끼게 하는 〈지상의 별처럼〉의 도입부 노래가 예사롭지 않다. "뒤처지는 건 있을 수 없는 일, 잠잘 때도 긴장을 풀지 마라. 시키는 대로 온 힘을 다해 달려라."

이 영화의 여덟 살 이샨은 책을 읽으라는 지명을 받고 일어서서 글이 춤을 춘다며 말을 흐린다. 난독증에 대해 알지 못하는 교사는 황당해한다. 이샨의 부모를 호출한 학교는 답답함을 늘어놓고, 더는 도울 수 없다면서 전학을 강권한다. "읽고 쓰기는 벌과 같아요. 집중도 안 하고, 전부 빵점입니다. 특단의 조치가 필요합니다."

장난꾸러기에서 천덕꾸러기 신세가 된 이샨은 더 열심히 할 테니 집에서 떠나보내지 말아 달라고 매달린다. 억지로 옮겨 간 기숙학교는 군사학교의 분위기가 물씬 풍긴다. 사감은 어떤 아이라도 길들일 수 있다는 자신감으로 가득하다. "규칙은 단 하나, 규율!" 낯선 환경에 혼자 남게 된 이샨은 점차 멀어지는 가족이 탄 차를 우두커니 바라보며 울먹인다.

교사는 이샨에게 시를 해석시킨다. "우리가 보는 건 느끼는 것이고, 보지 않는 건 느끼지 않아요. 때로 보이는 게 사실 안 그렇고 안 보이는 게 사실 그렇기도 해요." 아이다운 표현 같기도 하고, 한편으로는 알듯 말듯한 의미가 아른거리는 풀이로 들린다. 교사는 대번 면박을 준다. "뭐가 그렇고 그렇지 않다는 거냐?" 수업이 끝난 뒤 짝꿍은 기죽은 친구를 위로한다. "너는 솔직하게 느낀 뜻을 말한 거고, 다른 애들은 외운 대로 한 거야. 선생님은 무서우니까 알려준 대로 해." 이샨이 묻는다. "너는 1등인데 왜 여기서 벌을 받는 거니?"

떨어진 가족 생각으로 넋을 놓은 이샨에게 교사는 분필을 던진다. 오래전 우리의 교실에서 보던 일이다. 지금은 있을 수 없지만, 예전에는 왜들 그랬을까 돌아보게 된다. 지금도 무심코 지나치거나 무신경하게 하는 일이 한참의 시간이 흐르고 나면 한심하게 생각될지 모른다. 어느 교사는 부모가 원하는 자녀의 진로 희망을 왜 생활기록부에 기록해야 하는지를 알 수 없다고 꼬집는다(그림책사랑교사모임, 2024: 100). 교육자는 시대에 파묻혀 지내거나 시류에 휩쓸리지 말고, 조금이라도 다르게 보고 앞으로 나아가고자 살피는 노력이 필요하지 않을까.

이샨의 하루하루는 가시밭길이다. 칠판에 찍어 놓은 작은 점을 찾지 못해 매를 맞고, 발을 맞춰 걷지 못한다고 타박을 받고, 읽지를 못한다고 교실에서 쫓겨난다. 기원전에 기록된, 잡담한다고 한눈을 판다고 글씨가 서툴다고 …… 이래저래 회초리를 맞는 아이

와 진배없다(이오덕, 1990: 43-44).[13]

수업 때마다 조롱거리가 된 이샨은 모든 일에 의욕을 잃는다. 그러던 어느 날 미술실 밖에서 플루트 소리가 들린다. 마을의 모든 아이가 홀려서 사라졌다는 전설의 '하멜른의 피리' 소리를 들은 양, 아이들의 눈과 귀는 한쪽으로 쏠린다. 임시교사 니쿰브가 우스꽝스러운 차림으로 나타나 춤추며 노래를 부른다. "이 세상은 생각하기 나름, 어떻게 보느냐에 달렸지. 마음은 자유롭게 날개를 활짝 펴고 자신의 빛깔대로 새 꿈을 짜는 거야!"

니쿰브 선생님은 도화지를 나눠 준다. "무엇이든 맘껏 그려라." 판에 박힌 대로 하는 게 몸에 밴 학생이 묻는다. "탁자 위에 아무 것도 없는데 뭘 그려요?" 니쿰브는 대답한다. "이 탁자는 너희의 멋진 상상을 펴기에는 너무 좁지. 떠오르는 뭐든 그리면 된다." 니쿰브의 이런 말은, 주어진 화재(畫材)를 베끼듯이 그리는 학생에게 "그림은 사진과 다르다. 마음대로 뭐든 그려라. 그림을 그릴 때는 긴장할 필요 없다(〈로빙화〉, 1989)." 그리고 정형화된 지식의 틀 안에서 최고라고 자부하는 대학생들에게 "새로운 사고에 마음을 열어봐라(〈모나리자 스마일〉, 2003)."라고 가르치는 모습과 닿아 있다.

다른 교사들은 니쿰브의 수업을 못마땅해한다. "학교는 인생의

---

[13] 메소포타미아 문명을 발원시킨 수메르 민족의 자취에서 찾은 글이다.

경주를 준비하는 곳입니다. 우리 학생들은 경쟁에서 이겨야 합니다. 이곳의 교훈은 '질서, 규율, 노력'입니다. 이 셋은 성공의 기둥이고 완전한 교육의 토대입니다." 이는 여건이 좋은 초등학교가 배경인 영화 속 교장의 자랑과 비슷하다(〈스쿨 오브 락〉, 2003). "우리 학교는 명성이 자자한 학교예요. 모두 교칙을 엄격히 지킨 덕이죠." 니쿰브는 반문한다. "미술 시간에 감정을 자연스레 표현하지 못하면 어디서 하겠어요?"

이샨은 손가락 하나 까딱하려 하지 않고 처져 있다. 니쿰브는 괜찮으니 천천히 하라고 다독이고, 단짝에게 살짝 물어본다. "친구에게 무슨 일이 있니?" 짝꿍은 안타까워한다. "집에 가고 싶어 해요. 아무리 애를 써도 읽거나 쓸 수 없어요. 매번 혼나고 벌을 받아요. 어떻게 해야 할까요?" 니쿰브는 이샨의 공책을 살피고 나서 가까운 교사에게 털어놓는다. "그 아이는 어릴 적 나 같아요. 구해 달라는 눈빛이에요."

가정을 방문한 니쿰브에게 이샨의 아버지는 말썽만 피우는 태도가 문제라고 속상해 한다. 니쿰브는 정곡을 찌른다. "증상만 보면 안 됩니다. 열이 나는 아이는 반드시 원인이 있습니다." 니쿰브는 난독증의 특이점을 알리고,[14] 어린 이샨 혼자서 온갖 어려움을 삭여야 하는 처지라고 안타까워하며, 아이가 어떤 문제를 보이든

---

14) 이 영화에서 밝힌 난독의 증상은 단추 잠그기와 신발 끈을 묶는 것과 같은 일상의 일도 힘들어하고, 한꺼번에 여러 가지를 제시하면 이해력에 혼선을 일으킨다.

사랑받는다는 믿음을 갖게 하는 것이 중요하다고 조언한다. 가족의 사랑과 믿음과 지지는 살아가는 최고의 힘이다. 〈기다리는 아이〉(1963)의 "가끔, 아이보다 부모의 치료가 필요한 것 같아."라는 대사에 착안한다면, 자녀의 성장을 제대로 도울 수 있는 부모 교육 지원책은 필수적이다.

니쿰브는 이샨이 집에서 그린 그림을 보고 재능을 단박에 알아챈다. "그림이 남달라요!" 학생마다 소질이 다르다. 교사는 학생의 잠재력을 눈여겨 살펴야 한다. 자폐증 소녀를 그린 영화의 재활교육 센터장은 사람들이 부족하다고 바라보는 학생의 진면을 알아본다(〈스탠바이, 웬디〉, 2017). "그 아이는 내가 아는 사람들 가운데 가장 창의적입니다." 겉으로는 부족하게 보이더라도, 교육은 그가 가진 장점과 가능성을 살피고 성장하도록 이끄는 마중물이 되어야 한다(정일화, 2020: 188). '모든 아이는 특별하다.'는 이 영화의 요점을 담은 노래가 흐른다. "아이들은 제각각 소질이 다른 것을, 저마다 속도가 다르다는 것을 사람들은 언제나 알까? 다른 다섯 손가락이 이루는 손."

니쿰브는 반 아이들에게 이야기를 해 준다. "그 아이의 눈앞에서 글자는 춤추었다. 사람들은 그가 읽고 쓰느라 아등바등하는지도 모르고 놀려댔지만, 그는 절대 낙담하지 않았다. 어느 날 세상은 그의 이론에 환호했다. 누구일까?" 한 아이가 외친다. "아인슈타인!" 이어서 누가 전기를 발명했는지도 묻는다. 이샨이 말문을 뗀다. "에디슨!" 니쿰브는 이샨을 바라보고 말한다. "그도 읽지 못했단다. 세상을 바꾸는 사람은 다르게 보기 때문이다."

니쿰브는 이샨에게 털어놓는다. "내가 말하지 않은 한 사람이 더 있다. 그 이름은, 니쿰브." 이같이 성장기의 지난한 체험에서 우러나온 공감 능력과 진솔한 소통력은 교육자의 귀중한 자산이다. 부조리한 사회적 시련 또한 교육의 밑거름이 되기도 한다. 억울한 해직의 멍에에서 벗어나 복직하게 된 어느 교사는 이렇게 소회를 밝힌다(〈명령 불복종 교사〉, 2015). "지난 1년의 고통의 시간이, 다시 교단으로 돌아갔을 때 더 좋은 교사가 될 수 있는 자신감을 가지고 더 힘든 아이들을 더 따뜻하게 잘 돌볼 수 있는 많은 자양분이 되었다고 생각합니다."

니쿰브는 이샨에 대한 해결책을 마련하고자 교장과 면담한다. 교장은 이샨이 뒤처진다는 속내를 내비친다. 니쿰브는 손사래를 친다. "아주 영특합니다. 약간의 도움이 필요할 뿐입니다. 그 아이의 길은 따로 있습니다. 이 그림을 보면 아실 겁니다. 부디 기회를 주세요." 모든 아이는 고유한 재능과 개성에 따라 삶을 개척할 능력이 있다(정일화, 2020; Gardner, 1993).

마침내 교장도 뜻을 같이한다. "무엇을 하면 될까요?" 니쿰브가 다음과 같이 제안한다. "당분간 구두로 시험을 치르게 해 주세요. 그러는 동안에 제가 읽기와 쓰기를 가르치겠습니다. 점차 나아지리라 믿습니다." 이와 비슷하게, 실화를 각색한 영화 속 미국의 어느 교사는 어떤 학생이 읽을 때보다 들을 때 더 잘 이해하는 특성을 알아채고 선다형의 문제를 읽어 주어 답을 고르게 한다(〈블라인드 사이드〉, 2009).

때로는 한편이 부족한 학생을 챙기는 교사의 이런 모습이 그 한편을 이미 충족한 다른 눈에는 불편하게 비치기도 한다. 〈미세스 하이드〉(2017)의 학생은 장애 급우의 공부를 교사가 각별하게 봐주는 것에 대한 불만을 제기한다. "편애는 옳지 않고 공평하게 대하는 게 기본이잖아요?" 교사는 이를 정리한다. "그건 다르지. 그 아이는 시작부터 불공평하게 태어났잖아." 이럴 때 교사가 유의할 일은, 필요한 면에 대한 공감대를 이루면서 두루두루 관계를 살펴야 한다. 장애 아동의 교육을 그린 〈기다리는 아이〉(1963)의 교장은 이렇게 조언한다. "선생님들이 자주 실수하는 게 있습니다. 한 아이에게 과도한 애착을 갖는 것입니다. 그러면 다른 아이들은 소외감을 느끼게 됩니다."

방과 후에 이샨을 가르치는 니쿰브는 먼저 문제점을 짚어 준다. 이샨은 모래 상자에 쓰고 지우기를 반복한다. 눈을 감은 채 촉감으로 철자를 익히고, 도화지에 붓으로 그리듯 쓰고, 알파벳을 점토로 빚고, 녹음기를 틀어 놓고 소리를 따라 책을 읽는다. **삐뚤빼뚤한 글씨는 조금씩 깔끔해져 간다.** 처음에는 큰 네모 안에 숫자 하나 써넣기도 벅찼지만, 나중에는 작은 모눈종이에도 또박또박 쓴다.

전교생과 교직원 모두가 참여하는 사생대회가 열린다. 이샨은 거울을 보고 단추를 채우고 옷맵시를 다듬고 나간다. 니쿰브는 심사위원으로 참석한 은사를 최고의 존경심으로 맞이하고 교장에게 소개한다. "저의 정신적 지주이십니다." 이샨은 다 그린 그림을 내고 돌아서다 한 아이가 활짝 웃고 있는 다른 그림을 보고 깜짝 놀란다. 니쿰브와 이샨의 눈빛이 통한다. 노래가 흐른다. "문을 열어라. 묶인 바람을 자유롭게 펼치자. 네 행복을 찾는 곳에서 목적지를 발견할 거야."

이 영화는 마지막에 자막으로 이렇게 밝힌다. '난독증을 선명히 알 수 있게 삶의 창문을 열어 준 아이와 부모님 그리고 선생님께 감사드립니다.' 나는 처음에는 약시로 오해한 난독증 학생을 가르친 적이 있다. 내가 이 글의 초고를 읽어 보라고 건네준 그 학생은 힘들게 쓴 글씨체로 극복하려는 심정을 내비쳤다. "자신을 무서워 말고, 너는 스스로 밝게 웃는 작은 별이 되면 좋겠어!"

글로리 로드

"절대 포기하지 않을거야."

〈글로리 로드(Glory Road)〉(2006)[15]는 텍사스 웨스턴 대학교 농구 팀의 돈 해스킨스(Don Haskins, 1930~2008) 감독과 선수들의 이야기다. 미국 대학 농구에서 인종 차별의 종식을 알리는 1965~1966년 전국 대회 우승을 이끈 해스킨스는 1997년 명예의 전당에 오른다. 이 영화는 지도자의 올바른 리더십과 역사의식에 대해 생각하게 한다. 영화의 시작은 "나에게는 꿈이 있습니다. 피부색이 아닌 인격으로!"라는 인권 운동가의 연설과 격변의 시대상을 보여 주고, '모든 것을 바꾼 팀'의 실화가 바탕이라고 알린다.

해스킨스는 대학생 때 유망주로 주목을 받았으나 무릎 부상으로 선수 생활을 접고 고교 여자팀에서 지도자의 이력을 쌓아 간다. 그를 눈여겨본 외딴 광산촌의 작은 대학에서 감독으로 초빙한다. "꿈을 포기하고 다시 시작하는 건 힘든 일이죠. 호랑이 밑에서 선수로 뛰었으니 제멋대로인 녀석들을 다룰 방법은 아시겠죠?" 해

---

15) James Gartner 감독, Josh Lucas 출연. 미국 제작.

스킨스는 자신의 '농구 철학'을 피력하려 하지만 대학 측은 수락 여부나 밝히라며 말을 끊는다. 과연 그의 농구 철학은 무엇일까?

또다른 도전을 위해 편한 여건을 뒤로 하고 열악한 팀으로 옮겨가는 해스킨스는 긍정적이다. "코트에 유니폼에 있을 건 다 있고 최고의 팀들과도 맞붙을 수 있어서 좋네." 통계전문가와 의기투합해서 데이터 야구의 이정표를 세운 메이저리그의 단장과 비슷하게(〈머니볼〉, 2011), 고교의 기록분석관을 동반한다. "우리는 함께해야 힘을 받아!" 그런데 막상 도착해 보니 농구장은 낡고 선수는 몇 안 되고 예산은 쥐꼬리다. 모양새만 갖추면 다행이라는 주변의 말에 주저하지 않고 대답한다. "나는 웬만한 걸로는 성에 안 차요."

선수 충원을 위해 해스킨스와 분석관이 찾은 재목감마다 하나같이 단칼에 거절한다. 그러던 차에 실력파임에도 백인 선수들 팀 바구니에서 뒷전으로 밀리는 흑인 선수가 현실을 탓하며 원망을 터트리는 모습을 목격한다. 해스킨스는 단호하게 의사를 밝힌다. "나는 너를 선발로 내보내겠다. 나는 피부색은 보지 않고 실력을 본다."

길이 없으면 만들어서라도 나아가야 한다. 해스킨스는 고교 리그에서 선수를 구할 방도가 막히자 길거리 농구로 눈을 돌린다. 백인 일색인 대학 리그에서 뛸 흑인 선수를 찾아다니자, 제정신이 아니라는 소리를 듣는다. 꿈을 이룰 설계가 탄탄한 해스킨스는 누가 뭐라고 하든 웃어넘기며 자신감을 보인다. "나는 우승할 겁니다." 학교의 지원이 형편없는 터라 자비를 들여서라도 먼 거리를 마다하지 않고 숨은 진주를 찾아다닌다. "잘하는 선수를 뽑는 게 감독이 할 일이야." 발굴한 선수의 부모가 자식을 멀리 떠나보낼 걱정을 하자 이를 덜고자 다짐한다. "제 아이처럼 돌볼게요."

기존의 백인 선수 다섯에 겨우 구한 흑인 선수 일곱을 더해서 본격적인 훈련에 돌입한다. 해스킨스는 경기장 안팎에서 기본을 지키고 연습에 온 힘을 쏟으라고 강조한다. "너희는 내 방식대로 농구해야 한다. 내 방식은 힘들다. 뛰어난 선수는 기본기가 탄탄하고 플레이를 담백하게 한다. 멋을 부리다가는 위험에 빠진다." 선수들은 입에서 쉰내가 날 정도로 체력과 기본기를 다지고 또 다진다. 힘든 훈련에 불만을 터트리는 선수를 매섭게 몰아세운다. "지금 그만두면 네 평생 매일 포기하게 될 거다." 충분한 체력 조건임에도 몸싸움을 사리는 선수에게 충격요법을 가한다. "떠나라. 움츠리는 겁보하고는 같이 갈 수 없다." 선수 생명의 갈림길에서 각성한 선수는 매달린다. "뼈가 부서지더라도 붙어 있겠습니다."

미국의 학교 스포츠 영화에서 성공하는 지도자를 보면, '체력' '기본기' '스피드' '팀워크' 같은 경기력을 높이는 데 힘을 쏟는다. 이와 더불어 '책임감' '감정의 절제' '인내심'을 강조하고, '불굴의 정신'을 고양하고, 궁극적으로는 선수들이 자기 삶의 주체로 성장하는 데 주안점을 둔다. 또한 '바른 용모 및 품행'도 단단히 챙긴다. 심지어는 다음과 같은 행동강령에 학부모와 학생의 서명을 받는다(〈믿음의 승부〉, 2015). "사회적 비행을 멀리하고, 학교와 지역 사회의 기대에 어긋나는 행위를 하지 않는다." 강령의 세부에는 음주, 주류의 소지, 절도, 기물 파손, 폭력 행위 등 금지 사항을 적시한다. 이를 위반하면, 근신뿐 아니라 출전도 제한한다.

시즌 개막이 임박한다. 그런데 주전으로 뛸 선수의 교과 성적이 기준에 미치지 못한다. 어느 것 하나 소홀히 하지 않고 챙기는 해스킨스는 이를 짚는다. "2주 안에 성적을 올려야 한다. 아니면 알지?" 미국은 스카우트 경쟁이 불꽃 튀는 선수라도 '교과 평균 평점(GPA)'이 일정 수준 이상이어야 운동을 시작하고 대학에 입학할 수 있다(〈블라인드 사이드〉, 2009). 수많은 학생 선수 가운데 극소수만이 운동을 업(業)으로 해서 살아가게 된다. 이 때문에 삶의 스승으로서의 어떤 감독은 결승전을 코앞에 두고도 미진한 공부가 먼저라면서 연습장을 걸어 잠그고(〈코치 카터〉, 2005), 대학 진학을 지레 포기한 선수의 공부를 도와 성공한 사업가로의 길을 열어 준다(〈리멤버 타이탄〉, 2000). 해스킨스도 스포츠의 승리뿐 아니라 삶의 가치를 고양하는 교육자로서의 책임을 다하고자, 자극하는 말로만 그치지 않고 학생이 확실하게 성적을 올릴 방도를 찾는다.

해스킨스는 첫 경기를 앞둔 선수들에게 털어놓는다. "내가 거칠게 몰아붙인 것은, 너희가 발휘할 능력의 한계를 알기 때문이다. 어느 학교도 원치 않고 세상은 너희를 모르지만, 나는 안다. 너희는 뛰어나다. 하나로 뭉치면 우리는 이길 것이다. 우리 식의 농구를 하자. 의미 있는 일을 만들자!" 그들에게 의미 있는 일은 무엇일까? 해스킨스는 선수들에게 자부심과 자신감을 심어주고 그간의 노고를 위로하며 단합을 다지고 승리의 각오를 새긴다.

간곡한 당부에도 불구하고 경기장에 들어선 선수들이 잔뜩 멋을 부리자 해스킨스는 기본을 지키라고 재차 상기시키고, 마음이 풀어진 선수를 훈계한다. "나는 선수 때 최고는 아니었어도 다른 선수들처럼 죽어라 연습했다. 지금은 제일 뛰어난 감독은 아니지만 온 힘을 다하고 있다. 타고난 재능을 썩히는 네 태도에 속이 뒤집힌다. 다시 코트에 들어가면 동료뿐 아니라 너 자신을 존중해야 한다." 선수 시절이든 감독인 지금이든 '성실'을 생활 신조로 삼아 실천한 해스킨스이기에 선수의 자만과 나태를 크게 꾸짖고 각성하게 한다. 이처럼 감독도 배우는 학생의 거울인 교육자로서 선수들에게 본보기가 되는 성품을 갖추고 지도력을 발휘해야 한다(〈후지어〉, 1986). 어느 감독은 이렇게 말한다(〈맨발의 승리〉, 2021). "우리는 아이들에게 아버지 같은 존재잖아요. 그러니까 모범을 보여야죠. 아이들이 보고 따라 해요."

선수들은 의기투합하고 탄탄한 기본기에 유연성을 더하여 연승 가도를 달린다. 그러던 중에 해스킨스는 팀의 중추인 흑인 선수가 그동안 감추어 온 심장병을 알게 된다. 치명적일 수 있다는 만류에도 선수는 간절하다. "농구 하나만을 보고 살았어요. 심장이 뛰는 한 뜀 수 있어요." 해스킨스는 딱 자르면서도 길을 연다. "목숨을 가지고 모험을 걸 수는 없다. 그렇지만 너는 끝까지 같이 간다. 우리는 불굴의 용기가 절실하다." 해스킨스는 선수단을 지원하는 역할을 맡긴다. 이처럼 진정한 지도자는 단지 승리만을 위해 선수를 쓰고 쓸모가 없어지면 버리는 비정함이 아닌 팀의 결속을 끈끈하게 하는 진정성과 인간미를 지닌다.

팀의 성적이 상승할수록 인종주의자의 도발 또한 도를 더해 간다. 해스킨스는 정면 돌파의 의지를 천명한다. "이것은 결코 이기고 지는 문제가 아니다. 절대 포기하지 않을 테다." 경기장을 가득 채운 관중의 온갖 야유가 빗발치지만, 냉정함을 잃지 않는 해스킨스는 편파 판정에 흥분하는 선수들을 다독인다. "마음을 추스를 줄 알아야 한다." 악조건 속에서 승리를 거두고 돌아온 숙소는 테러를 당해 난장판이다. 해스킨스는 자책한다. "내가 왜 선수들을 이런 일로 끌어들였을까?" 연륜이 깊은 트레이너가 위로한다. "옳은 일을 하잖아요!"

선수들은 심적 어려움을 호소한다. "이길수록 더 힘들어져요." 해스킨스는 가야 할 방향을 가리킨다. "저들을 막기 위해서는 이겨내야 한다. 반드시!" 심기일전한 선수들은 다시 하나가 된다. "가자, 제대로 보여 주자!" 하지만 준결승전은 상대 주포(主砲)의 활약으로 끌려간다. 해스킨스는 이를 전담할 선수를 지정한다. "네가 막으면 우리가 이긴다." 선수는 의지를 불태운다. "제가 꼭

잡겠습니다."

 황당한 판정으로 거듭 연장을 치르는 천신만고 끝에 진출한 결승전을 앞둔 기자회견장에서, 해스킨스는 속으로 품어 온 남다른 의미를 밝힌다. "우리는 우승 이상을 위해 뛰고 있습니다." 그리고 선수들을 모아놓고 비장한 결심을 알린다. "결승은 흑인 선수로만 다 끝낸다." 농구 역사의 새로운 시작을 알리고 옳은 방향으로 세상을 변화시킬 이 말이 지닌 의미를 이해하는 백인 선수는 동료에게 힘을 보탠다. "내 몫까지 다 해줘."

 전원이 백인인 상대는 여러 차례 우승한 팀이다. 중계방송은 흑인으로만 이루어진 선발은 전례가 없다고 놀란다. 해스킨스는 선수들의 자신감을 한껏 고취한다. "너희 마음껏 멋지게 보여 줘라." 선수들은 손을 잡고 파이팅을 외친다. "농구는 농구일 뿐이다!" 잘하는 것보다 그 자체를 즐기는 것이야말로 스포츠와 삶에서 추구해야 할 바이다. 흑백의 경기는 초반부터 불꽃을 튄다. 한 선수는 부상을 당해 빠지고, 마지막 남은 한 명의 흑인 선수가 그 자리를 메운다. 해스킨스는 상대가 압도하던 흐름을 가로채기 작전으로 맥을 끊고 분위기를 반전시킨다. 치열한 접전으로 고조되는 열기에도 해스킨스는 침착하게 지시한다. "끝날 때까지 끝난 게 아니다. 끝까지 단단히 지켜 내라! 이제부터는 정신력에 달렸다."

 끝은 곧 또 다른 시작이다. 농구는 끝나도 인생은 계속된다(〈리바운드〉, 2022). 선수들은 대학을 졸업한 후 자신의 길을 걸어간다.

심장병을 앓는 선수는 자선단체를 설립해서 가난한 학생들을 지원한다. 다른 선수들은 프로 농구에서 활약하고, 모교의 코치가 되고, 고교 교장과 감독으로 이름을 날리고, 초등학교 교사와 감독을 지내고, 경찰관이 되고, 할렘의 소년합창단장이 되고, 프로 생활을 마치고 경영학을 공부해서 비즈니스 벤처 기업을 창업한다. 학교 안팎에서 기본을 지키고 공부를 해야 한다는 해스킨스의 가르침은 선수들이 살아가는 밑거름이 된다.

영화가 마무리되고 덧붙여진 장면에서, 연로한 해스킨스는 그날을 회상한다. "이길 수 있다고 믿고 지휘했습니다." 선수도 그때를 돌아본다. "그것은 1966년의 노예해방 선언 같다고 생각합니다. 우리는 상대보다 더 큰 목적을 가지고 뛰었습니다. 그들은 또 한 번의 우승이었지만, 우리는 어떤 색깔이든 차이가 없고, 기회가 있다면 뭐든 할 수 있음을 증명해 보이고 싶었습니다." 옳은 일을 향한 험난한 영광의 여정을 담은 이 영화의 마지막은 이렇게 전한다. "그날은 스포츠 역사상 최고의 경기였고, 대학 농구의 가장 중요한 전환점이었다.

제4장
아이들 눈에 빛이 생겼어요

고독한 스승

"아이들 눈에 빛이 생겼어요!"

"훌륭한 이스트사이드, 한결같이 그 이름 기리리라. 드높은 명성, 자랑스러운 전통. 우리의 온 힘을 다하리. 힘내라, 승리를 향해." 실화인 〈고독한 스승(Lean on me)〉(1989)[1]은 이렇게 교가로 시작한다. 과거에는 명문이었으나 이제는 '깡패 소굴'로 불리는 이 학교는 교내에서 마약과 총기가 거래되고 학생에게 폭행당한 교사가 호흡기를 달고 구급차에 실려 가는 지경에 이른다. 프랑스 영화 속 교육실습생의 대사가 새삼 와닿는다(〈미세스 하이드〉, 2017). "가르치러 와서 맞을 걱정을 하게 되네요."

이 고등학교는 지난해 기초학력 시험의 통과율 38%를 올해는 75%까지 끌어올려야 한다. 이에 못 미치면 주(州) 차원의 관리를 받게 되어 학교 폐쇄, 교직원 해고, 보수 조정 등의 조처로 이어진다. 선거가 임박한 시장에게는 표가 떨어지는 일이다. 시장이 임명한 교육감은 과거에 한 일을 보면 미래를 알 수 있다는 듯

---

[1] John G. Avildsen 감독, Morgan Freeman 출연. 미국 제작.

이, 함락 직전의 학교를 구할 인물은 오직 루이스 클락(Louis Clark, 1938~2020) 뿐이라며 강력하게 추천한다.[2] 20년 전인 1967년에 클락이 학교의 운영 방침에 뜻이 맞지 않아 떠난 뒤로 내리막길을 걸어온 내부 사정을 아는 교육감은 초등학교 교장으로 지내는 클락을 찾아가 간곡히 설득한다.

다음 날 아침 6시, 서류 가방 하나를 든 클락은 인기척이 없고 스산한 학교 복도로 들어선다. 바닥에는 쓰레기가 널브러져 있고 벽은 낙서로 지저분하다. 불한당에 의해 밤새 사물함에 갇힌 학생의 공허한 외침이 울리는 듯하다. "도와주세요. 누구 없어요? 숨을 쉴 수 없어요. 꺼내 주세요. 빨리 와 주세요." 구원의 손길을 바라는 절절함이 느껴진다.

교사 대표들과 대면한 클락은 110일 앞둔 시험을 대비하는 '비상사태'를 선언하고 다그친다. "내 말이 법이요! 책임을 통감하세요. 권위를 세우고 열정을 쏟아 가르치세요. 교사가 가르치는 일에 실패하면, 학생들은 손을 들고 총구를 바라보게 됩니다." 〈프리덤 라이터스〉(2007)의 학생들 외침이 귀에 맴돈다. "우리는 전쟁터에서 하루하루 졸업하는 것과 같아요." 학교 현황을 미리 파악한 클락은 일을 일사천리로 진행한다. 업무를 새로 분장하고 학내의 폭력배 명단을 확보한다. 신임 시설 관리인에게는 정서를 순

---

2) 미국의 교육감은 선출제 및 임명제 등 주별로 정한다.

화하는 깨끗한 환경으로 꾸미게 한다.

클락을 떠올리게 하는 인물로는 실화를 그린 〈캠퍼스 히어로〉(1986)의 교장이 있다. 그는 떠나는 학교를 찾아오는 학교로 탈바꿈시킨다. 그도 첫 대면한 교사들에게 호소한다. "아이들을 일일이 챙겨야 합니다. 학교에서는 교사가 부모입니다." 이 말을 들은 한 교사는 이렇게 푸념한다. "교사로서 월급받는 거지, 부모가 되라고 받나요? 놀자판인데 가르치는 게 가능할까요?" 교장은 되묻는다. "만약 선생님의 자녀라면 손을 놓고 있겠어요?"

호수 위에서 살아가는 아이들이 배우는 선상(船上) 학교가 배경인 〈선생님의 일기〉(2016)의 초임 교사는 깨닫는다. "그냥 가르치기만 하면 되는데, 공부하기 싫어하는 아이들이 왜 이렇게 속상하고 신경이 쓰일까? 이곳에서 교사는 부모가 된다." 스승을 부모처럼 따르고 존경해야 한다는 의미가 포함된 '군사부일체'를 깊이 들여다보면, 교사는 부모처럼 아이를 사랑하고 돌보아야 한다는 뜻이 담겨 있으리라. 동서고금을 막론하고 교사는 부모의 심정과 책임감으로 교단에 서는가 보다(정일화, 2020: 117).

전교생이 모인 강당은 난장판이다. 불량배들은 단상에서 제멋대로 떠들고 교장에게도 야유를 보낸다. 표류하는 난파선을 점령한 난동꾼들 같다. 클락은 극약 처방을 내린다. "퇴학! 이곳에서 영원히 나가라." 한꺼번에 300명을 자른다. 순간 숨을 죽인 나머지 2,700명에게 경고를 날린다. "다음은 누가 걸릴지 모른다." 초등학교 교장 때의 다정다감한 모습과는 전혀 딴판이다. 훌륭한 교장은 해야 할 역할을 명확히 인식하고 부정적 요소의 제거를 회피하지 않는다(Whitaker, 2021).

클락은 다음과 같이 훈화한다. "사람들은 이 학교는 죽었다고 말한다. 하지만, 우리는 유령처럼 부활하리라." 유령은 이 학교의 상징이다. 클락은 삶에서 성공하지 못하면 자신의 책임을 탓하라고 각성시킨다. "사람은 자기가 뿌린 것을 거두는 법이다(갈라 6,7)." 남 탓하는 데 매몰되면 스스로 무덤을 파는 것과 다르지 않다. 클락은 원하는 것을 얻기 위해서는 열심히 배워야 한다고 역설한다. "기초가 없으면 한낱 꿈만 꾸다 끝날 뿐이다." 어릴 때 클락에게 배운 학생이 친구에게 속삭인다. "우리 선생님은 빈말을 절대 안 하셔." 퇴학생의 보호자들은 거세게 반발한다. 클락은 선량한 학생들을 구하기 위한 최후의 수단이라고 맞선다. "썩은 사과 하나가 전체를 망칩니다."

교육행정의 행위는 교육의 본질과 교육자의 본분과 학교가 마땅히 해야 할 일을 새겨서 신뢰를 세워야 한다. 학생에게 무엇이 가장 유익할지에 관한 생각을 바탕으로 구성원의 뜻을 모으고 이해 관계인의 의견을 살펴 조율해야 한다. 생길 수 있는 불편과 불만을 해소하거나 최소화하고, 신중을 기할 일과 신속히 처리할 일을 가려야 한다. 클락은 수많은 학생과 교직원의 앞날이 걸린 학교를 단기간에 되살려야 하는 절체절명의 책임을 다하는 일을 그 무엇보다 우선한다. 촌각을 다투는 생존의 길을 위해 중지(衆智)를 모으는 절차를 건너뛴다. 전체가 한곳을 향해 일사불란하게 움직이도록 냉혈한 가면을 쓴다. 자신의 뜻과 조금이라도 벗어난다 치면, 학생들이 보는 앞이라도 교사를 호되게 무안 주고 수업 중인 교사를 즉결로 파면까지 시킨다.

'정직' '해임' '파면' 같은 중징계는 대개 법적 다툼으로 번진다. 처벌의 근거가 타당하고 충분하지 않으면 교장은 곤란을 겪게 된다. 클락은 그 어떠한 난처함이 닥쳐도 감내하리라 각오한 것 같다. 교감은 지나친 독단을 꼬집는다. "아무도 교장 선생님의 행동을 이해하지 못해요." 클락은 꿈쩍도 하지 않는다. "그게 바로 내가 바라는 바요!" 누군가는 해야 할 일이기에 아무도 몰라주는 외로운 길을 택한다.

처음에 클락은 매몰차게 행동하지만, 퇴학당한 학생이 복학을 간청하자 다짐을 단단히 받고 받아들이고 자리를 잡아 가자 건강도 챙긴다. 개별 학생이 바라는 교육과정에도 관심을 기울이고 어떤 일이든 언제든 찾아오라고 자상하게 대한다. 교감과 함께 학생의 가정을 방문해서 생활 형편을 파악하고 학부모의 일자리와 거주 문제까지 세심하게 살핀다. 학교가 차츰 안정되면서 교직원에게도 친근감과 신뢰를 드러낸다.

온기와 활기를 되찾은 학교는 하루하루 알차게 앞으로 나아간다. 시험일 아침, 전교생이 모인 강당 곳곳에는 자긍심과 애교심을 고취하는 표어가 붙어 있다. 클락은 각오와 사기를 북돋는다. "어디서든 자신을 존중하고, 어떤 상황에서든 절대 꺾이지 말고, 서로 돕자!" 모두 일어나 '내게 기대요(Lean on Me)'를 힘차게 합창한다. "살아가면서 아플 때도 슬플 때도 있어요. 우리가 현명하다면 언제나 내일이 있음을 알 거예요. 내게 기대요. 당신이 힘들 때 친구가 될게요. 우리 모두는 기댈 사람이 필요해요."

시험을 끝내고 평온한 일상을 보내던 어느 날, 교사(校舍) 안에서 누가 몰래 열어 준 문으로 들어온 조직폭력배가 흉기를 휘두르는 불상사가 발생한다. 클락은 사각지대의 출입문을 쇠사슬로 채우고 유사시에만 열게 한다. 그때 학교의 흠을 잡으려고 호시탐탐 노리던 퇴학생의 부모가 소방법 위반으로 신고한다. 내부의 화재와 외부의 범죄에서 동시에 학생을 안전하게 보호해야 하는 딜레마가 느껴진다. 잡혀가는 클락은 걱정하는 학생들에게 흔들리지 말고 공부를 계속하라고 당부한다. 교육감은 구치소로 찾아와 위로한다. "아이들 눈에 빛이 생겼어요! 이전에는 없던 빛이."

학생들은 교장 해임 건으로 회의가 열린 시청 앞으로 몰려와 격하게 요구한다. "우리 교장 선생님을 돌려주세요. 아버지 같은 분이에요. 아버지가 없는 아이들에게는 유일한 아버지예요!" 시장은 클락에게 학생들이 다칠 수 있으니 사태를 진정시켜달라고 요청한다. 클락이 모습을 보이자 함성이 터져 나온다. 긴장감이 고조되는 가운데, 교감은 인파를 헤집고 교장에게 다가와서 시험 결과를 건넨다. 클락은 큰 소리로 알린다. "우리는 해냈습니다!" 학생들은 부둥켜 환호하고 광장 가득 교가가 울려 퍼진다.

미국은 턱없이 낮은 학업성취로 인해 골머리를 앓는다. 글을 읽지 못하는 학생에 대한 책임 소재를 두고 소송을 벌일 정도다(이혜원, 2017. 12. 6.). 저조한 학력을 해결하기 위해 법률로써 학교의 역할을 다하도록 요구하고 뒷받침한다. 연방 의회가 2001년에 제정한 「낙오 아동 방지법(No Child Left Behind Act)」에 따라 주 교육부는 기초학력 시험의 결과를 홈페이지에 게시하고 지역교육청별로 학교의 '연간 적정 진보(Adequate Yeary Progress)'의 정도를 비교할 수 있게 한다(주삼환 외, 2009: 42). 이는 높은 기준과 측정 가능한 목표를 설정해서 교육의 결과를 향상하려는 의도다. 2015년에 이 법은 공교육의 책무를 더욱 강화하는 「모든 학생 성공법(Every Student Succeeds Act)」으로 개정된다. 다른 사례로는 「학부모 청원법(The Parent Trigger Law)」이 있다. 학교의 실적이 저조한 이유 등으로 학부모가 청원하면, 당국의 재정 지원을 받으면서도 자율적으로 운영이 가능한 '차터 스쿨'로 전환할 수 있다.

빌리 엘리어트

"한번 해 보자"

"12살 때 나는 춤을 추고 있었어요." 〈빌리 엘리어트(Billy Elliot)〉(2000)[3]는 록 밴드인 티렉스가 부른 '천상의 춤꾼(Cosmic Dancer)' 노래가 흐르는 가운데 어린 빌리가 신나게 뛰노는 모습으로 시작한다. 1984~1985년에 불황의 늪에 빠진 영국은 폐업과 해고가 잇따르면서 총파업의 소용돌이를 겪는다. 빌리가 사는 탄광촌이 파업 광부들을 위한 무료 급식소를 마을회관에 마련하면서 권투반과 발레 클래스는 회관의 한 공간에서 같이 지내게 된다.

빌리는 힘을 쓰는 광부로 만들려는 아버지의 뜻을 따라 권투를 배운다. 대련을 위해 링에 오른 빌리는 발레 수업의 피아노 소리를 따라 손발이 저절로 움직인 탓에 무방비로 맞는다. 패배한 벌로 혼자 남게 된 빌리는 홀린 듯이 발레에 끌린다. 열세 살 때 상어의 공격으로 한쪽 팔을 잃은 서퍼의 실화를 그린 〈소울 서퍼(2011)〉의 "처음 서핑한 그 순간부터 난 프로 서퍼가 되고 싶었다.

---

[3] Stephen Daldry 감독, Jamie Bell 출연. 영국 제작.

내겐 서핑뿐이었다. 서핑은 내 꿈이자 삶 자체였다."라는 대사처럼, 고요히 때를 기다리던 운명이 기지개를 켠다. 발레반의 윌킨슨 선생님은 남다른 차림으로 여자아이들 사이에 섞여 서 있는 빌리에게 토슈즈를 신기고 자세를 잡아 주면서 발레리노로 성장할 가능성을 감지한다. "한번 해 보자."

빌리와 친구는 체육 시간에 야외 달리기를 하면서 이야기를 나눈다. "왜 발레 수업을 받니?" "더 잘하고 싶어서이지." 대답은 단순하지만 단단한 다짐이 느껴진다. 둘은 길에서 벗어나 길 같아 보이지 않는 길로 들어서서는, 정해진 코스를 따라 줄지어 달리는 친구들을 바라본다. 남들과 다른 나의 길을 간다는 의미가 느껴지는 이 장면은 프로스트의 「가지 않은 길(The Road not Taken)」을 떠올리게 한다. "숲속의 두 갈래 길, 나는 발길이 덜한 길을 택했네. 그것은 모든 것을 바꾸어 놓았네."

아들이 권투를 그만 둔 사실을 알게 된 아버지는 발레반 출입을 금지시킨다. 윌킨슨은 대안으로 빌리에게 개인지도를 제안한다. "돈 때문이 아니다." 그동안 빌리의 용돈 전부를 강습비로 꼬박꼬박 챙겨 왔지만 다른 깊은 속뜻으로 그런 것 같다. 윌킨슨은 최고의 기대치를 설정하고 자신감을 심어 준다. "네가 갈 곳은 로열 발레 스쿨이다. 아는 게 없어도 된다. 학교에서 가르쳐 줄 테니까. 중요한 것은 동작과 표현력이다. 물론 엄청나게 노력해야 하지만, 너는 해낼 거라 믿는다!"

윌킨슨은 춤에 대한 영감을 자극할 물건을 가져오게 한다. 빌리는 얼마 전 연말에 세상을 떠난 엄마가 마지막으로 남긴 편지를 가져온다. 읽고 또 읽어 닳고 닳은 흔적이 역력하다. 티렉스의 '나는 부기 춤을 사랑해요(I Love To Boogie)' 테이프도 챙겨온다. 이 노래에 맞춰 둘이 함께 춤을 추는 장면은 영화를 보고 난 뒤에도 오래 기억에 남는다. 윌킨슨은 꺼뭇한 탄광촌을 벗어난 적이 없는 빌리를 시야가 탁 트인 바다로 데리고 간다. 예술적 감성을 지피고 싶은 마음이 아닐까 싶다.

실로 맑은 하늘과 바다, 푸르른 산과 들, 형형색색의 꽃과 나무, 부드러운 바람이 어우러진 자연은 살아 숨 쉬는 배움의 터다. 자연과 벗하면 심성이 맑아지고 생각이 깊어지고 호연지기가 길러지고 책의 지식에 생기를 더한다. 헬렌은 자서전에서 다음과 같이 언급한다. "나의 초기 학습에는 숲의 숨결이 담겨 있다. 야생 튤립나무의 상쾌한 그늘에 앉아서 모든 사물에는 배우고 생각할 거리가 있음을 깨달았다(Keller, 1996: 17; Keller, 2005: 55)." 〈파워 오브 원〉(1992)의 주인공은 일곱 살 때를 이렇게 돌아본다. "선생님께서는 학교에서 지식을 얻고 자연에서 생각을 배우라고 말씀하셨다. 찾고 질문할 거리를 알게 되면, 스스로 생각하라고 가르치셨다. 나의 교실인 아프리카 대자연의 새벽이 밝으면 시작되는 그날그날의 공부에서, 이전과는 다르게 사물을 보도록 가르쳐 주셨다."

열심히 연습한 빌리는 갑작스럽게 터진 안타까운 가정사로 인해 '로열 발레 스쿨'의 지방 순회 오디션을 놓친다. 월킨슨은 빌리의 가족을 찾아가 목표를 밝히지만 반대에 부딪힌다. 빌리네 형편은 엄마가 생전에 치던 피아노를 땔감으로 사용할 만큼 나빠진다. 우여곡절 끝에 빌리의 간절함을 이해하게 된 아버지는 뒷받침하리라 마음먹고, 파업하는 동료들의 비난을 감수하며 본심과는 다르게 탄광으로 복귀한다. 그리고 한 푼이라도 더 벌기 위해 관리직을 포기하고 지하 갱도로 내려간다. 자식을 위해서라면 어떤 일이든 다 하려는 것이 부모님의 마음이고, 학생들을 위해서라면 발 벗고 나서는 것이 선생님의 마음이다.

이듬해 열두 살이 된 빌리는 런던에 소재한 '로열 발레 스쿨'을 찾아가 오디션에 참가한다. 천부적 재능보다는 불같은 노력에 초점을 맞춘 이 영화의 본의와 같이, 발레 지망생이라면 선망하는 이 학교는 열의와 잠재력을 중시해서 선발한다. 심사위원들은 발레의 기본인 발과 손의 자세를 취하게 하고 의견을 나눈다. 낯선 분위기에 어색해하던 빌리는 잠시 후에 음악이 흘러나오자 자연스레 반응한다. 심사위원들은 감정을 살린 율동을 보고 짐짓 놀란다.

실기를 마치고 심사위원들의 딱딱한 표정을 지레짐작한 어린 빌리는 낙담한 채 대기실로 돌아오고, 딱 한 번의 기회뿐인 자신의 처지를 모른 채 놀러 온 듯이 위로하는 또래를 울컥하여 때린다. 평소에는 치매에 걸린 할머니를 돌보고 소외된 친구를 다정하게 대하지만 이 순간만은 그런 모습이 아니다. 심사위원들은 상호 존중과 자기 통제는 모든 학생이 갖추어야 할 필수 자질이고 어떤 상황에서든 폭력은 절대 용납할 수 없기 때문에, 합격 여부에 영향을 미칠 수 있다고 밝힌다.

한 심사위원이 풀죽은 빌리에게 발레에 흥미를 느끼는 이유를 묻는다. 빌리는 밋밋하게 대답한다. "몰라요. 그냥 좋아요." 다른 대답을 기대한 위원은 다시 질문한다. "네 상상력을 자극하는 것이 발레에 있지 않겠니?" 이를 다른 위원이 쉽게 풀어서 묻는다. "춤출 때 기분이 어떠니?" 빌리는 담담하게 밝힌다. "춤을 추기 시작하면 다 사라져 버려요. 온몸이 감전된 기분이에요. 불이 활활 붙은 새가 훨훨 날아올라요."

자애와 연민의 마음인 교육자는 단편적이지 않다. 아직은 부족한 학생이 회복할 기회와 성장할 길로 인도하고자 고심한다. 윌킨슨이 발레 학교에 보낸 추천서는 빌리의 본모습을 알리는 데 도움이 되지 않았을까 싶다. 합격 통지를 받은 빌리는 선생님에게 인사한다. "보고 싶을 거예요." 윌킨슨은 "이제 네 인생을 찾아서 떠날 때다."라고 짧게 말하고는 몸을 돌려 애써 외면한다. 가정 형편 때문에 피아니스트의 꿈을 접고 학원에서 가르치는 선생님과 천재적 재능을 지닌 불우한 소년의 만남을 그린 영화에서, 아이의 장래를 위해 품에서 떼어 멀리 떠나보내는 선생님이 연상된다(〈호로비츠를 위하여〉, 2006).

윌킨슨은 빌리가 떠나고 난 적막한 연습장에서 홀로 서성인다.

다큐멘터리 〈나는 마을 방과후 교사입니다〉(2022)에는 이런 대사가 나온다. "시간이 지난 뒤에 아이들의 기억 속에 나는 어떤 교사일까요? …… 인생의 큰 어려움을 만나 어떻게 해야 할지를 모를 때도 믿어준 어른이 곁에 있었다는 사실을 떠올리고 그 기억과 믿음으로 큰 장애물도 가뿐하게 뛰어넘으면 좋겠습니다." 윌킨슨도 이렇게 소망하는 심정이지 않았을까. 세월이 흐른 런던의 어느 날, 차이콥스키의 '백조의 호수'가 웅장하게 울리는 무대 위를 검은 백조 한 마리가 강렬하게 비상한다.

옥토버 스카이

"불을 붙이지 않으면 날아가지 않아."

〈옥토버 스카이(October Sky)〉(1999)[4]는 미국 항공 우주국(NASA)의 엔지니어인 호머 히컴(Homer Hickam, 1943년 출생)의 자전적 이야기다.[5] 과학을 가르치는 라일리 선생님은 탄광촌에서 벗어나기 어려운 처지의 학생들에게 꿈을 심어 주고, 그렇게 꿈을 품은 호머는 공부에 눈을 뜨고 도전한 끝에 소형 로켓을 성공적으로 발사한다. 호머가 어린 시절을 보낸 웨스트버지니아에서는 '로켓 보이 페스티벌'이 매년 열린다.

라디오 방송은 인류 역사상 처음으로 인공위성이 지구 궤도에 안착한 소식을 전한다. 인공위성의 궤적이 깜박이는 새벽하늘과 광부들이 작업하러 내려가는 껌껌한 땅속이 대비된다. 날이 밝은 학교 운동장에서는 신입 풋볼 선수 선발이 이루어진다. 호머는 상대에게 부딪쳐서 연거푸 나동그라질 때마다 악착같이 다시 일어

---

4) Joe Johnston 감독, Jake Gyllenhaal 출연. 미국 제작.
5) 〈October Sky〉는 1998년에 출간된 원작 소설인 『Rocket Boys』의 철자 위치를 바꾼 작명이다.

난다. 코치는 말린다. "용기는 가상하다만 포기할 줄도 알아야지."

1957년 10월 4일, 스푸트니크 발사일이 칠판에 적혀 있다. 라일리 선생님이 켠 라디오에서는 인공위성이 보낸 음파를 전해 준다. "새로운 시대를 여는 소리입니다." 라일리는 모든 게 예전 같지 않을 역사적 이정표라고 일러 주고, 딴생각에 빠진 호머를 깨워서 궤도에 대해 아는 게 있는지를 묻는다. 라일리는 전혀 모르는 눈치인 호머의 주의를 환기시킨다. "선생님이 지켜보고 있다!" 단지 경고성이 아닌 그 안에 담긴 기대감이 느껴진다.

소련이 발사한 스푸트니크 인공위성은 미국의 교육과정에 큰 변화를 가져온다. 우주 경쟁에서 뒤처진 미국은 미래를 대비하고자 수학과 과학 교육을 강화한다. "수학자가 전쟁을 승리로 이끌었다(〈뷰티풀 마인드〉, 2001)."[6]라는 대사는 그 중요성을 실감나게 대변해 준다. 또 다른 영화 속의 수학 교사는 이렇게 말한다(〈철벽선생〉, 2019). "수학은 모든 것이다. 물리학, 컴퓨터과학, 사회과학 등 모든 상황에 대입이 가능한 기본 언어다. 이를 한번 터득하면 세계가 점점 더 넓어진다." 우주의 비밀은 숫자에 숨어 있는게 아닌가 싶다.

외딴 탄광촌 사람들은 밤하늘을 바라보며 인공위성을 기다린

---

6) 〈뷰티풀 마인드〉는 상호의존적이고 전략적인 의사결정에 관한 '게임 이론'을 수학적으로 풀어낸 성취로 1994년 노벨 경제학상을 수상한 존 내쉬(1928~2015) 교수의 삶을 담았다.

다. 드디어 수많은 별 사이로 빛을 발하며 지나가는 스푸트니크가 보인다. 호머는 호기심으로 가득한 눈빛을 반짝이며 마음을 먹는다. "나도 로켓을 만들어야지! 나는 우주로 갈 거야!" 라일리와 스푸트니크는 호머의 꿈의 심지에 불을 붙인다.

호머와 두 명의 친구는 겉모양만 흉내 낸 로켓을 만든다. 화약을 잔뜩 넣고 꽤 날아가리라 어림잡지만, 소리만 요란하게 그 자리에서 터져 버린다. 어떻게 해서든 날릴 방법을 찾고 싶은 호머는 학교에서 외톨이로 지내는 공붓벌레에게 손을 내민다. 종이도 네 귀를 들어야 바르듯 세상일은 서로서로 도우며 살아가는 게 중요하리라. 호머는 자신의 표상으로 삼은 로켓 과학자인 브라운 박사에게 시골의 작은 발사체에 관해 쓴 편지를 보낸다.

학교 식당에서 호머와 친구들은 자신들이 만든 로켓 시제품을 만지작거린다. 교장은 위험한 물건은 교내로 반입할 수 없다고 압수하려 든다. 곁에 있던 라일리가 과학전람회 출품용이라고 둘러대어 모면한다. 내친김에 라일리는 네 학생의 꿈을 키운다. "전국 대회에 입상하면 많은 대학에서 장학금 제안이 들어온단다."

라일리는 호머의 자존심을 자극한다. "너는 대단한 꿈을 품고 있지만, 꿈으로만 끝날 수 있다. 과학에는 수학이 필요하다. 그런데 너는 수학을 좋아한 적이 없잖니? 꿈만으로는 이룰 수 없다." 여러 영화 속에서 학생들과 함께 역경을 헤쳐 나가는 선생님들도 필요한 이 같은 명훈(明訓)을 다음과 같이 각인시킨다. "원하는 것을 얻기 위해서는 먼저 배워야 한다(〈고독한 스승〉, 1989)." "알면 알수록 선택의 기회는 많아진다(〈위험한 아이들〉, 1995)." "하고 싶은 일을 하기 위해서는 해야 할 일을 먼저 해야 한다(〈그레이트 디베이터스〉, 2007)."

우리나라 다큐멘터리 영화에서, 공부와는 담을 쌓고 시간을 허투루 보내던 직업계 학생은 교장의 도움으로 꿈을 품게 되면서 이렇게 말한다(〈스쿨 오브 락樂〉, 2021). "목표가 있으니까 하루하루 치열하게 열심히 살게 되는 것 같아요." 꿈과 목표는 삶에 생기를 불어넣는다. 성취하고 싶은 일이 생긴 호머는 발사체에 이름을 붙인다. '바다오리 1호!' 자신의 지난 처지처럼 날 수 없는 새를 하늘 높이 날리고자 작정한다. "누군가 불을 붙이지 않으면 날아가지 않아!" 아쉽게도, 점화된 로켓은 조금 솟구치다가 엉뚱하게 날아간다. 사고의 위험 때문에 마을 인근에서 할 수 없게 된 호머는 해야 한다면 땅끝까지라도 걸어가겠다는 각오를 다진다. 잠시 회의감을 보이던 친구들도 다시 합심한다. "백만분의 일의 가능성이면 괜찮은 거 아냐?" 긍정의 생각은 힘을 솟게 한다. 브라운 박사는 답장을 보내온다. "꿈을 품고 공부를 놓지 않으면 언젠가는 꿈을 이루리라!"

성공은 실패의 축적에서 비롯되고, 성공의 반대는 실패가 아닌 '포기'다. 멈추지 않는 한 실패는 걸림돌이 아니다. 호머는 연이은 실패에도 일어선다. 풋볼 테스트를 받을 때의 오뚝이 같은 오기가 느껴진다. 시행착오 끝에 드디어 '바다오리 7호'의 성공이 기대되는 날, 라일리는 발사장에 함께 간다. 마을에서 멀리 떨어진 산꼭대기까지 주민들이 잔뜩 몰려온다. 실패하면 웃음거리가 되지 않을까 걱정하는 호머를 라일리가 격려한다. "남에게 증명할 필요는 없다. 너를 위해 발사해라!" 호머는 결의를 다진다. "줄을 당기지 않으면 날지 않아!" 로켓은 하늘 높이 솟아오른다. 호머의 가능성을 굳게 믿는 라일리가 묻는다. "이제 과학전람회를 어떻게 생각하니?"

라일리는 자료를 구하는 데 애를 먹는 호머를 위해 유도탄의 원리에 관한 책을 선물한다. 호머는 다짐한다. "모두 배울 거예요!" 확고한 목표는 의욕을 부추긴다. 교육의 참 목적은 학생의 열정과 창의성을 자극하는 것이지만(〈억셉티드〉, 2006), 교장은 교육은 헛된 희망을 주는 게 아니라면서 못마땅해하고, 가뭄에 콩 나듯이 운이 좋은 아이는 풋볼팀에서나 나온다고 치부한다. 라일리는 되받는다. "나는 운이 없는 아이들을 믿고 가르치렵니다." 또 다른 항변이 떠오른다(〈맨발의 꿈〉, 2010). "가난하면 꿈도 가난해야 되는 건가요?"

어느 날 경찰은 산불이 난 근처에서 발견된 다른 발사체의 잔해를 '바다오리 13호'로 오인하고, 호머와 세 친구를 수갑 채워 데려간다. 부모의 보증으로 풀려나지만, 호머는 탄광 사고로 다친 아버지를 대신해 갱도에서 일할 입장이 된다. 다행히 아버지는 얼마

지나지 않아 회복하나, 호머는 학교로 돌아오지 않는다. 행동에는 책임이 따르고, 선택에 따라 결과는 다르다. 학교를 그만두려는 학생에게 어느 교사가 해 준 조언을 호머에게 전하고 싶다(〈위험한 아이들〉, 1995). "미래를 버리지 마라."

호머는 라일리가 중병에 걸렸다는 소식을 듣고 찾아간다. "선생님, 제가 할 수 있는 일이 있을까요?" 라일리는 담담히 소회를 밝힌다. "내 필생의 일은 가르치는 거다. 너희가 과학전람회에서 우승하고 훌륭한 일을 하면 나도 무언가를 이룬 삶이려니 생각할 텐데. 때로는 다른 사람의 말이 아닌 내면의 소리에 귀를 기울여야 한단다. 너는 꼭 하고 싶은 계획이 있지 않니?"

호머는 라일리에게 선물로 받은 책을 펼치고 풀이에 몰두하고, 날이 밝자마자 미적분으로 정리한 수식을 가지고 친구에게 달려간다. 둘은 삼각법을 적용해서 '바다오리 13호'의 낙하지점을 밤새워 계산한 결과를 근거로 로켓의 몸체를 찾아낸다. 학교로 돌아온 호머는 이를 수학으로 증명해 보인다.

지역에서 우승한 호머와 친구들은 학교의 지원 부족으로 전국대회에는 호머 혼자 간다. 대회장의 입구에 내걸린 '환영, 미래의 과학자, 1957~1958 세계 지구 물리학의 해' 현수막이 보인다. 국가과학위원들이 섞인 관람객에게 이틀 동안 작품을 공개한 다음 날에 우승자를 가린다. 그런데 전시물이 돌연 분실된다. 온 마을이 발 벗고 나서 밤사이 다시 만들어 보낸다. 이 덕분에 호머는 자신이 우러르는 브라운 박사한테 최고상 메달을 받는다.

  고향으로 돌아온 호머는 곧바로 라일리를 찾아뵌다. "로켓 소년들이 장학생으로 대학에 갑니다." 병상에 누운 라일리는 감격한다. "해낼 줄 알았다! 지금부터 매년 신입생에게 호머와 친구들을 어떻게 가르쳤는지 자랑할 테다. 그 가운데는 너희처럼 꿈을 꾸고 새로운 도전에 나서는 아이들이 나타나겠지." 호머는 고향에서의 마지막 로켓을 발사한다. 로켓에는 새 이름이 새겨져 있다. '라일리!' 선생님은 병실 창밖의 하늘을 바라보며 미소를 짓는다.

우리는 마샬

"무엇이든 처음은 있습니다."

〈우리는 마샬(We Are Marshall)〉(2006)[7]은 웨스트버지니아 마샬 대학교의 잭 렝겔(Jack Lengyel, 1935년 출생) 감독과 풋볼팀 이야기다. 1970년, 마지막 원정 경기를 마치고 돌아오는 선수단을 태운 전용기는 악천후로 인해 추락한다. 탑승자 전원이 사망한 충격과 슬픔에 빠진 대학과 지역사회는 아픈 기억을 지우고자 풋볼팀을 없애려고 한다. 부상으로 인해 동행하지 못한 선수의 애절한 호소로 지속되지만, 그 누구도 팀의 재건을 맡고자 나서지 않는다.

강팀이 즐비한 풋볼의 세계에서, 백지 상태부터 시작해서 다른 팀과 겨룰 수 있는 팀워크를 단기간에 다지기란 아주 어렵다. 4개월 가까이 백방으로 감독을 구하지만 돌아오는 것은 거절뿐이다. 그렇게 흘러가던 중에 사연을 접한 한 사람이 자원한다. 총장은 고개를 갸웃한다. "정신이 온전하다면 절대 나서지 않을 텐데."

렝겔 감독은 취임 회견장에서 답변한다. "기적을 바란다면 계속

---

7) McG 감독, Matthew McConaughey 출연. 미국 제작.

기대하십시오. 결국에는 실망할 겁니다." 아무리 탁월하다 할지라도 대중의 부푼 기대감을 충족시키기는 어렵다. 렝겔은 이전 대학에서 처음 감독직을 맡아 연패하던 팀을 연승으로 이끄는 성과를 거두었지만, 이번에는 행여 바라는 거품을 싹 걷어낸다. 기자들끼리 수군거린다. "무슨 대답이 저렇대? 가망이 영 없어 보이네."

낙천적인 렝겔은 단 세 명인 선수를 모아놓고 첫마디를 꺼낸다. "우리는 한배를 탔다. 이제 새날이 밝았다." 긍정의 마음은 불모지에서도 싹을 틔운다. 어려움을 마다않는 마음가짐은 〈맨발의 승리〉(2021)의 선생님에게서도 찾을 수 있다.[8] 대공황 시기에 버려진 아이들을 돌보기 위해 모든 호조건을 물리치고 보육원으로 찾아와 맞은 첫날 아침, 허허벌판을 바라보던 그에게 "별로 볼 게 없죠?"라는 물음에 이렇게 대답한다. "어떻게 보느냐에 따라서 다르죠." 그는 모든 걸 버리고 폐허로 온 셈이라는 아내에게도 확신을 심어준다. "진정한 변화를 일으킬 기회야. 그 때문에 우리가 여기에 온 거잖아."

50명이 넘는 선수를 신속하게 충원할 방법으로, 렝겔은 총장에게 대학 체육협회에 청원서를 제출해 달라고 요청한다. 규정에 따르면 신입생은 경기에 나설 수 없다. 이를 개정해서 급한 대로 채

---

[8] 실화의 주인공인 러스티 러셀((Rusty Russell, 1895~1983)은 보육원에서 수학과 과학 교사 겸 풋볼 감독을 맡는다. 상대하는 팀들에 비해 체격적인 면에서 열세인 선수들을 위해 고안한 그의 전략은 현대 풋볼의 기반이 되었다는 평가를 받는다.

워 볼 요량이지만, 총장은 예외는 허용되지 않는다고 난색을 짓는다. 남다르게 앞서가는 생각을 품은 렌겔은 특수한 상황에서는 다르게 적용될 수 있다고 믿는다. "무엇이든 처음은 있습니다." 〈내 생애 최고의 경기〉(2005)에서, 괄시받는 서민 출신으로서 챔피언이 된 골퍼는 귀족 클럽의 가입을 제안받고 이렇게 말한다. "어떤 일이든 처음은 있는 법이지."

수차례의 청원에도 불구하고 협회는 꿈쩍도 않는다. 실망한 총장은 넋두리를 한다. "할 수 있는 방법은 다 써 봤어요. 시간이 더 걸릴지 모르겠네요." 렌겔은 채근한다. "몸으로 부닥쳐야 합니다. 개척자가 되셔야 합니다. 뭐든 처음은 있잖아요? 우리가 이번에 해내면, 그러한 시작 가운데 하나가 될 겁니다." 심기일전한 총장이 발로 뛴 끝에 협회는 예외를 인정하고 이듬해에는 해당 규정을 아예 없앤다. 어떻게든 해결해 보려고 애를 쓰기보다는 기존에 얽매어 손 놓고 있지 않는지를 돌아봐야겠다.

선수 확보가 급선무인 렌겔은 비상한 방법을 모색한다. "창의적인 생각을 짜내야 해!" 그는 다른 종목을 기웃하며 잠재력을 보이는 선수를 찾아다니고 신입생도 선발로 나갈 수 있다고 홍보한다. 이렇게 저렇게 끌어모아 모양새는 갖추지만 턱 없이 부족하다. 종목을 바꾼 신출내기 중에는 용어조차 모르는 생짜도 섞여 있을 정도다. 연습에 돌입하는 렌겔은 분위기를 띄운다. "1학년이 주축은 우리가 최초다. 좋다. 시작하자!" 갈 길은 멀지만 기초부터 밟아간다.

렌겔은 코치진과 함께 팀의 수준에 적합한 전략을 세우고, 해당 전술의 전문가에게 도움을 구한다. "찾아라, 얻을 것이다. 문을 두드려라, 열릴 것이다(마태 7,7)."라는 성경 구절을 마음에 새긴 듯이 보이는 렌겔은 어떤 어려움에도 용기를 내어 정면 돌파를 시도한다. 요청을 받은 감독은 언젠가는 맞상대할 가능성에도 불구하고 기꺼이 돕는 동지애를 발휘한다.

1971년 시즌의 첫 경기가 원정으로 잡힌다. 사고 이후 10개월, 새로운 팀을 꾸리기 시작한 지 5개월여 만이다. 선수들의 각오는 각별하다. "모두 뭉치자. 끝까지 최선을 다하자." 열의는 넘치지만 역부족으로 부상자가 속출한다. 보는 이들은 이후의 다른 결과도 불 보듯 뻔하다며 팀의 존속에 회의감을 드러낸다.

참패로 충격받은 부감독은 이 같은 경기는 망자를 기리는 게 아니라 먹칠하는 짓이라며 격하게 감정을 쏟아낸다. 렌겔은 위로하며 속마음을 털어놓는다. "승패에 연연하지 않고 경험을 쌓아 가는 것이 중요합니다. 그러다 보면 언젠가는 제대로 할 날이 올 겁니다. 반드시!" 우리는 살아가면서 마더 테레사가 남긴 말을 새길 필요가 있다. "하느님은 우리에게 성공을 요구하지 않습니다. 단지 우리가 노력하도록 바랄 뿐입니다."

모진 시련에도 꿋꿋하게 견디며 삶의 승리를 소망하는 마음을 공유하고 싶다. "우리는 타고난 대로 각자의 길을 살아가고, 우리의 마음은 그 길을 끝까지 달리게 한다(〈불의 전차〉, 1981)." "인생도 서핑도 비슷하다. 파도 밑에 처박혀도 곧바로 일어나야 한다. 파도 너머 무엇이 있을지 알 수 없으니까(〈소울 서퍼〉, 2011)." "난 벌써 이겼단다. 포기하지 않고 여기까지 왔잖아(〈세크리테어리엇〉, 2010)." "가장 절망적인 순간에도 절대 포기하지 않는 게 중요하다(〈내 생애 최고의 경기〉, 2005)." "이번 시즌에 한 경기라도 이길 수 있는지 시도는 해 봐야 하지 않겠니?(〈미라클 시즌〉, 2018)" 마지막으로, 최강의 무적 챔피언에게 도전하는 무명의 복서는 이렇게 각오한다(〈록키〉, 1976). "시합에서 져도 머리가 터져버려도 상관없어. 마지막까지 버티기만 하면 돼. 아무도 거기까지 가지 못했거든. 끝까지 버티면 그때까지 두 발로 서 있으면 내 인생에서 처음으로 뭔가를 이뤄낸 순간일 거야."

　결전에 임할 때는 결의를 다져야 한다. 두 번째 경기를 앞둔 렌겔은 숨진 선수들이 안장된 묘역을 선수단과 같이 찾아 추모하고 투지를 벼린다. "여기 함께 묻힌 이들이 우리의 과거이자 현재의 우리다. 오늘 상대는 자신들이 우리보다 앞선다고 알고 있지만, 우리의 마음은 모른다. 마지막 순간까지 이를 악물고 온 힘을 다하자. 고인들이 지켜본다. 하나된 우리의 오늘 모습이 사람들의 기억에 각인될 것이다." 열악한 처지의 렌겔과 비슷하게, 전교생이 64명인 자그마한 시골 고교의 농구팀을 이끌고 전교생 2,800명의 대도시 팀을 상대로 우승을 일구어낸 감독은 이렇게 역설한다(〈후지어〉, 1986). "세상에서 중요하지 않은 사람은 없다. 팀에서 더 중요한 선수는 없다. 모두가 모여 완전체를 이룬다. 뛰는 건 다섯이지만 실은 하나다."

홈경기가 열리는 날, 거리는 한갓지고 경기장은 가득하다. 시합은 치열하게 전개된다. 한 선수는 심한 부상에도 불구하고 사력을 다할 결의를 내보인다. 감독에게서 선수 보호 조치를 지시받은 코치는 만류한다. "네 덕에 여기까지 왔다. 네가 낼 수 있는 온 힘을 다 쏟았다." 엎치락뒤치락하던 경기는 1분을 남기고 상대가 앞선다. 종료가 임박한 마지막 공격 작전 타임에서 렌겔은 끝까지 서로를 믿으라고 거듭 강조한다. 호각 소리와 함께 중계방송은 흥분을 주체하지 못한다. "터치다운! 믿기지 않습니다. 이날은 두고두고 기억될 것입니다." 경기가 끝난 지 한참이 흐르고 날은 어둑해지지만 시민들은 경기장을 떠나려 하지 않는다.

마샬 대학은 그해 2승에 그친다. 렌겔은 1971년부터 1974년까지 9승 33패를 기록하고 감독직에서 물러나고, 마샬은 그 후 10년이 흘러 그토록 바라던 바람을 이룬다. "언젠가는 제대로 할 날이 오겠지요. 반드시!" 어렵다고 주저앉지 않고 일어나 가다 보면 언젠가는 꽃이 피고 열매를 맺는 날이 오리라. 영화는 마지막에 전한다. "우리는 잿더미 속에서 다시 일어났습니다." 고난에도 낙관하며 최고보다는 최선을 추구하고 곤경에 처한 이를 돕는 삶의 가치를 소중히 여긴 렌겔은 훗날 명예의 전당에 이름을 올린다.

오늘부터 시작이야

"아이들 생각뿐이 없어요."

〈오늘부터 시작이야(It All Starts Today)〉(1999)[1]는 쇠락한 지역 경제로 인해 관심의 사각지대로 내몰린 유아교육의 처지를 타개하고자 노심초사하는 원장을 그린다. 영화의 제목은, 내일의 삶으로 이어지는 소중한 시간임에도 무심코 맞이하고 보내는 일상의 '오늘'을 어떻게 살아야 하는지에 대한 마음가짐이 내포되어 있다. 영화는 삶의 의미를 고심하는 교육자의 시적(詩的) 독백으로 시작한다. "잠이 들고 깨는 시간을 정할 수는 없다. 그렇게 살아간다. 시간은 흘러가고 이룬 일은 없다. 나는 왜 여기 있는가? 아이들을 사랑하기 때문인가?"

프랑스의 초등교육은 우리의 유아 3년과 초등 5년을 결합한 의무교육 과정이다. 프랑스 다큐멘터리 〈마지막 수업〉(2002)[2]의 농촌 분교의 교사는 유아와 초등의 12~15명을 한 교실에 모아놓고

---

1) Bertrand Tavernier 감독, Philippe Torreton 출연. 프랑스 제작.
2) 불어 제목은 'Être et avoir', 영어 제목은 '존재와 소유'의 의미인 'To Be and To Have'다.

가르친다. 〈오늘부터 시작이야〉에서는 독립적인 유아교육 기관 같아 보인다.

　미국과 다르게 독일과 프랑스의 교장은 수업을 일부 맡아 한다. 이 영화의 다니엘 원장은 유치원의 크고 작은 일을 처리하느라 보조교사의 지원을 받는다. 자녀가 다닌 프랑스 학교에서는 교장이 가장 바쁘게 보였다는 어느 엄마의 이야기처럼(최선양, 2020: 224), 다니엘은 출근하는 승용차 안에서 아침을 대충 때우고 저녁 무렵에 퇴근하는 모습으로 묘사된다. 교사의 하루도 아이들에게서 잠시도 눈을 떼지 못하고 바삐 돌아간다. 가르치고, 간식과 식사를 챙기고, 낮잠을 재우고, 화장실에 데려가고, 손 씻기와 차례 지키기를 알려 주고, 옷을 여며 주고, 바깥놀이를 하고, 상호작용 및 활동을 관찰하고, 건강의 특이점을 찾아내고, 학부모와 상담하고, 청소하고 정리하고 기록하고 계획하고 준비하고…….

　교사가 급하게 퇴근하면서 다니엘에게 아이를 맡긴다. "병원 예약 시간에 늦었어요." 다니엘은 혼자 남은 아이에게 간식을 챙겨 주고 기분을 좋게 한다. 얼마 지나서 아이의 엄마가 갓난아이를 태운 유모차를 끌고 마당으로 들어오고, 다니엘은 인계할 준비를 한다. "얘야, 엄마가 오셨다." 엄마는 달려와 안기는 아이의 볼에 뽀뽀하려다가 쓰러진다. 이를 보고 일으켜 준 교직원은 엄마가 두 아이를 두고 도망치듯 가 버리자 황당해한다. "술 냄새가 많이 나던데요." 아이와 꾀죄죄한 영아를 안으로 데리고 들어온 다니엘은 집으로 전화를 걸지만 먹통이다. 다니엘은 복도 환경을 손보고 있는 교사에게 넋두리한다. "할 일이 산더미인데 아이를 돌봐야 해요." 규칙대로 하라고 권하는 말에 손사래를 친다. "다섯 살과 갓난애를 어떻게 경찰서에 맡겨요."

시청에 상황을 알리지만 경찰서로 보내라는 형식적인 대답을 듣고서 친인척의 연락처를 물어본다. "경찰보다는 낫지 않겠어요?" 담당자는 개인정보를 알려줄 수 없다며 전화를 끊어버린다. 잠시 생각에 잠긴 다니엘은 마음을 먹는다. "내가 해야 해!" 그리고 지쳐 잠에 빠진 아이를 깨운다. 어느새 날이 어둑해지고 띄엄띄엄 가로등이 켜진다. 한겨울인데도 난방도 안 되고 전기와 수도가 끊긴 집에 도착한 아이는 익숙하게 랜턴을 찾아서 잠깐 켠다. 엄마는 만사 귀찮아한다. "우릴 내버려두세요."

다음 날 하원 때 교사들은 보호자에게 아이를 인계하면서 그날 배운 것, 친구 관계, 식성 등을 전해 준다. 다니엘은 몇몇 학부모를 차례로 면담한다. "유치원은 그냥 노는 데가 아닙니다. 살아가는 기초입니다." 프랑스는 유치원의 주요 임무를 다음과 같이 정의한다. "아이들이 인격을 익히고 개성을 드러내 보이며 자신을 고양하기 위해 함께 배우고 생활하는 공간인 학교에 가고 싶게 만드는 것이다(이지현, 2022: 95)."

다니엘은 새내기 교사에게 민원을 전한다. "선생님께서 아이의 머리를 잡아당겨 학교 가기 싫어한다고 부모가 화가 났어요." 교사는 울컥한다. "뭘 몰라서 그래요. 참다 참다 저도 모르게 그랬어요." 다니엘은 다독이고 조언한다. "그 심정을 알겠어요. 다들 겪는 일이죠. 아이들이 다 천사는 아니에요. 그런 일은 혼자 속을 썩이지 말고 얘기하는 게 좋아요. 어쨌든 치미는 감정을 눌러야 해요." 천방지축인 아이는 교사의 인내를 시험하고 천진난만한 아이의 말은 엉뚱하게 전달될 수 있다. 마음을 추스른 교사가 "대학 때, 우리가 하는 일은 사회복지사와 비슷하다고 배웠어요."라고 하자 다니엘은 뜻밖이라는 반응을 보인다. "요즘은 그렇게 이야기하나요?" 우리의 교육도 가정을 보완하는 돌봄의 역할이 갈수록 커진다.

원로 선생님은 교사들과 고충을 나눈다. "예전과는 모든 게 달라요. 학급 당 인원은 줄었지만 한참 많았던 20년 전보다 훨씬 더 힘들지요. 엄마들은 과거처럼 아이를 돌보지 않고 밤새 게임을 해도 방치하고……. 어떤 아이는 이야기할 사람이 나뿐이고, 개중에는 아예 입을 닫고 지내요. 고작 하는 말이란 '배고파' '추워' '목말라' 같은 살기 위한 것뿐입니다. 연약한 아이들이 안쓰러워요. 이제는 우리가 하나에서 열까지 다 챙기고 가르쳐야 합니다."

교직원들은 협의 시간을 갖는다. "한 아이는 가족 모두 머릿니가 있어요. 시청에 신고해 주세요." 다니엘은 한숨을 내쉰다. "진작 알렸는데 함흥차사네요." 교사들은 성토한다. "퇴원시키든 해요. 규정이 그렇잖아요. 교육복지 우선 지역으로 왜 지정을 못 받는 거죠? 뭐 하나 해결되는 게 없네요. 이런 실정을 바깥에 알려야 해요. 우리는 할 만큼 했어요." 다니엘도 동조한다. "조그만 것 하나라도 싸워서 얻어 내야 하니 답답하네요."

다니엘은 공무원 친구에게 위기 가정의 지원을 부탁한다. "아이들은 굶고 냉골에서 옷을 껴입고 자는데도 아무도 신경을 안 써. 담당 부서는 무슨 대단한 기밀인 듯이 긴급 연락처도 알려 주질 않아. 시청의 지원이라 둘러대고 그 가정에 전해 줘." 시에서 해결할 때까지 아이들이 배를 곯을 게 마음에 걸리는 다니엘은 돈을 건넨다. 현재 우리나라가「긴급복지지원법」에 따라서 '방임' '학대' '생계 곤란' 등의 위기 상황을 신속하게 지원하는 것과 비교하면, 그 당시의 프랑스는 법적으로 미비하고 열악한 시기로 생각된다.

다니엘은 유치원을 방문한 아동복지 담당자를 강하게 몰아붙인다. "참으로 어려운 걸음을 하셨네요. 네 살 아이들의 건강검진은 차일피일 미루고, 전화는 끊어 버리고, 진척되는 일은 하나도 없고, 더는 못 참겠어요. 아이들을 위해서는 칸막이 같은 건 없애야 합니다." 담당자는 속이 타는 듯 볼멘소리를 한다. "우리도 최선을 다해요." 얼마 뒤에 새로 바뀐 담당자가 찾아와 전한다. "원장 선생님이 며칠 전에 난리를 쳐서 검진이 조만간 이루어질 것 같아요. 그런데 장학관도 올 거예요."

다니엘에게 교사가 급히 전한다. "화장실로 가 보세요. 반은 제가 보고 있을게요." 다니엘은 아이의 등을 살피며 묻는다. "넘어졌니? 누가 이랬니?" 아이는 고개만 젓는다. 교사의 의견을 구한 다니엘은 아직 해당 기관에 알릴 정도는 아니라고 판단하고 아이에게 말한다. "누구도 너를 괴롭힐 권리는 없단다. 누가 이러면 꼭 알려야 한다." 우리나라도 「아동학대범죄의 처벌 등에 관한 특례법」에 따라, 교직원은 직무를 수행하면서 친권자나 후견인 등에 의한 아동학대를 알거나 의심이 들면 즉시 신고할 의무를 지닌다.

교사가 한 아이를 데리고 원장실로 들어온다. "표가 없으면 점심을 줄 수 없는 새 규정 때문에 어쩔 수 없어요." 당국이 배부한 급식 지원 쿠폰을 부모가 엉뚱한 데 쓴 것 같다. 다니엘은 곧바로 시청으로 달려가 따진다. "다른 건 몰라요. 제게는 아이들 생각뿐이 없어요. 애꿎게 굶는 아이는 어떻게 하죠?" 교육자는 아이들을 위한 일이라면 투사로도 변모하는가 보다. 교사는 때로는 힘들다고 토로하더라도 아이들을 위한 마음은 한결같다. 〈미스 스티븐스〉(2016)의 어느 선생님은 학생과 실랑이를 벌이느라 힘에 부친 나머지 다른 교사에게 하소연을 늘어놓지만, 감정에 얽혀 말려들지 말고 바깥에 머무르라는 조언이 돌아오자 말이 되냐는 듯이 되묻는다. "어떻게 바깥에 머물 수 있어요? 아이들이 바로 눈앞에 있는데!" 아이를 챙겨서 점심을 먹이던 보조교사는 뒤늦게 돌아온 다니엘이 굶고 다니는 게 딱하다는 듯이 권한다. "다 치우기 전에 어서 좀 드세요."

건강검진 결과에 관한 회의에서 의사는 말한다. "어지러워 넘어진 아이의 소견서를 적어 드릴 테니 부모에게 전달해 주세요. '꼭 정밀 검사를 받을 것.' 다음 아이의 행동은 어떤가요?" 교사가 설명한다. "복도에서 부르면 대답을 안 하고 아기처럼 말을 해요." 다니엘이 덧붙인다. "부모에게 알리니까 장애라는 거냐면서 짜증만 냅니다." 간호사 자격을 갖춘 아동복지 담당자는 소견서를 부모에게 직접 전하겠다고 나선다. 그리고 다니엘에게 살짝 귀띔한다. "사실, 검진은 입학할 때 해야 해요."

장학관이 불시에 찾아와서 서류를 검토하고 수업을 참관한다. 다니엘은 아이의 돌발적인 행동을 차분히 수업으로 연결한다. 장학관은 평가한다. "동기부여와 피드백이 좋고 개별로도 잘 봐준 수업입니다. 하지만 독립심을 키워 주고, 주의가 산만하거나 버릇이 나빠지지 않도록 관리가 더 필요해 보입니다. 한 번에 여러 가지를 배우면 학업에 부정적인 영향을 준다는 논문을 찾아 읽어 보세요. 아이별로 목표와 활동을 그때그때 기록하면 평가서를 작성하는 데 수월할 겁니다. 그리고 '뭐지 이게?' 대신에 '이것이 무엇이지?'가 좋겠습니다."

장학관은 방문의 본 목적을 드러낸다. "원장의 역할을 한다고는 하지만 민원에 깊숙이 개입하지 않기를 바랍니다. 요즘 나도는 청원서와 무슨 관계가 있나요?" 자치회에서 한 일이라는 대답에 장학관은 학부모를 너무 깊이 관여시키는 게 아니냐는 우려를 표한다. "이곳 때문에 골머리를 앓고 있습니다. 원장은 선동자가 아닌

중재자가 되어야 합니다."

　극심한 생활고를 겪던 엄마는 아이들을 데리고 극단적인 선택을 한다. 충격을 받은 다니엘이 사직의 뜻을 밝히자 아내는 진정시키고 위안한다. "사랑하는 건 쉽지만 도와주기는 어려워요. 당신이 포기하면 떠난 아이가 뭐라 할까요? 이렇게 손을 놓고 있을 수는 없어요, 학교를 밝게 바꿔 봐요."

　흔들릴 때 마음을 다잡게 해 주는 이 같은 아내를 다른 영화에서도 만날 수 있다. 뜻밖의 일로 인해 그간 기울인 모든 노력이 수포가 되었다며 낙심하는 남편에게 이렇게 힘을 불어넣는다(〈맨발의 승리〉, 2021). "당신이 전파한 용기, 희망, 영감, 헌신 덕에 아이들과 많은 이가 할 수 있고 헤쳐 나갈 수 있다는 믿음을 갖게 되었다고 말합니다. 이것도 물거품일까요?"

　학교의 기금을 마련하는 행사가 동네잔치처럼 열린다. 교실은 색다른 놀이터가 된다. 복도에 걸린 옷 한 벌이 다니엘의 눈에 들어온다. "이 의상은 뭐예요?" 교사는 애잔한 미소를 짓는다. "이렇게라도 그 아이와 함께 해야죠. 그런데 정말로 학교를 떠나실 건가요?"

　어느 날 아이의 머리에 난 상처를 발견한 교사의 보고를 들은 다니엘은 아이를 달래며 차분히 묻는다. "여기가 빨갛네. 부딪혔니? 누가 그랬니?" 담당의가 아이 몸의 멍 자국을 진단한다.[3] 시청의 아동복지 담당자도 사정을 확인한다. "얘야, 나한테 이야기해 줄래? 중요한 거야." 다니엘이 힘든 한 해라고 속내를 털어놓자 담당자는 힘을 북돋아 준다. "이번에는 아이의 생명을 구한 거예요."

---

3) 아동학대의 문제를 다룬 일본의 〈너는 착한 아이〉(2015)에서는, 보건실에서 초임 담임교사가 가정폭력에 대해 함구하는 초등학교 4학년 학생의 윗옷을 올려 확인하려고 하자 교장과 보건교사가 문제가 커질 수 있다면서 황급히 제지하는 장면을 볼 수 있다. 아동학대의 정황을 알게 되면 정해진 절차에 따라 확인과 신고를 해야 한다.

코러스

"머리카락 하나도 건들지 마라."

〈코러스(The Chorus)〉(2004)[4]는 프랑스에서 출시된 〈나이팅게일의 새장(La Cage aux rossignols)〉(1945)[5]의 각색본으로, 이는 실제 사례에서 영감을 받은 소설이 원작이다. 〈코러스〉는 뉴욕에서 활동하는 프랑스 태생의 지휘자가 모친의 부음(訃音)을 듣고 고향으로 돌아와, 어린 시절을 보낸 보육원에서 음악을 가르쳐 주신 선생님을 회상하는 장면으로 시작한다.

1949년 1월, 지천명의 나이에 실패한 음악가라고 자조(自嘲)하는 마티유는 열악한 보육 시설의 교사 겸 사감으로 온다. 단출한 가방 하나를 든 선생님은 쇠사슬로 묶인 정문을 붙들고 혼자 서 있는 네댓 살 페피노와 눈빛이 마주친다. 차가운 이른 아침부터 혼자 나와 있는 이유를 묻자 아이는 대답한다. "아빠가 토요일에 온다고 했어요." 마티유는 의아해한다. "토요일은 내일인데?"

---

[4] Christophe Barratier 감독, Gérard Jugnot 출연. 프랑스 제작.
[5] '파리 소년 합창단(The Little Singers of Paris)'의 기원과 불우한 아이들에게 합창을 가르친 사례를 바탕으로 제작한 영화다.

마티유를 대면한 교장은 최우선 교칙인 '작용−반작용'을 명심하게 한다. 잘못하면 반드시 응징한다는 뜻이다. 아이들이 골탕을 먹이려고 놓은 덫에 학교의 소소한 일을 하는 노인이 걸려 다치자. 교장은 자수하지 않으면 차례대로 독방에 가둘 테니 누구인지를 고자질하라고 부추긴다. "밀고하라. 급우의 비행을 숨기면 화형에 처하겠다."라는 대사가 떠오른다(〈여인의 향기〉, 1992). 첫 희생양으로 지명된 아이는 기겁하며 손사래를 친다. 교사들은 어쩔 수 없다는 표정이다. "닥치고 따라와." 교장은 한 달에 두 번뿐인 가족 면회도 금지시킨다.

마티유의 전임자는 자신도 노인처럼 야단친 아이에게 보복을 당했다면서 누구인지를 귀띔한다. 마티유는 자세를 가다듬고 교실을 향해 힘차게 걸어 들어가 아이들에게 선의를 보이지만, 아이들은 소란을 피운다. 시끌시끌한 소리에 교장이 교실로 들어오자 아이들은 일제히 기립한다. 교장은 뻔한 말썽의 주동자를 지목하지만 마티유는 감싼다.

교장이 나가고, 마티유는 감싸주었던 아이가 노인을 다치게 한 것을 알게 된다. 아이가 발뺌하자 교장실로 데려가려 복도로 나선다. 그때 교장실에서 새어나오는 비명을 들은 마티유는 돌아가는 분위기를 알아채고, 그제야 비는 아이에게 조건을 내건다. "매일 수업을 마치면 보건실을 청소하고 영감님을 간호해 드려라." 교실을 비운 이 틈에 한 학생이 칠판에다 마티유의 얼굴을 이상하게 그린다. 이를 본 마티유는 그린 학생을 익살스럽게 그려서 되돌려 준다. 늘 혼나고 매 맞고 갇혀 지내던 아이들은 비로소 웃는다. 마티유의 반작용은 여유와 유머와 용서다.

마티유는 아이들의 마음에 희망의 씨앗을 심고자 꿈을 적어 보게 한다. 하지만 전쟁터에서 사망한 아버지를 자나 깨나 기다리는 페피노는 가만히 있는다. 마티유는 몸을 낮춰 부드럽게 눈을 맞추고 다정하게 속삭인다. "한 번 써 보렴." 우리나라 다큐멘터리에서 교장이 전한 마음이 느껴진다(〈스쿨 오브 락樂〉, 2021). "교육은 자기 안에 묻힌 꿈을 학교라는 공간 안에서 찾도록 용기 내게 해 주는 것이 아닐까요? 학교에 입학하면 제일 중요한 것이 목표를 갖게 하는 것 같아요. 이 학교에서 뭘 이루면 좋겠다고 하는 걸 쓰는 거예요. 아무 생각 없다 생각되는 아이들도 써 놓은 걸 보면 울컥하게 돼요."

아이들이 다 잠든 밤에 마티유는 일기를 쓴다. '힘든 첫날이다. 모든 게 엉망이다. 뭘 했는지 모르겠다. 아이들의 꿈은 다양하지만, 교사는 없다.' 나도 1984년 6월 4일, 교육실습 첫날의 소감을 일지에 이렇게 썼다. '모든 것이 생소했다. 긴장과 피곤으로 정신이 산란하다.'

천성이 착하다는 노인의 칭찬에 간호하러 온 아이는 겸연쩍어한다. 칭찬은 사랑의 언어다. 서툴지만 사랑이 많은 초임 초등교사의 좌충우돌과 아동학대의 문제를 다룬 〈너는 착한 아이〉(2015)

에서 "너는 착한 아이야."라고 도닥이는 위로처럼, 봄바람은 얼음을 녹이고 칭찬은 심성을 따스하게 덥힌다.

일과를 마친 아이들은 선생님을 놀리는 노래를 부르면서 논다. 장난과 말썽을 여유롭게 받아들이는 평소처럼, 마티유는 대수롭지 않게 넘기며 다시 불러보게 시킨다. 아이들의 허접한 노래에서 가능성을 엿보고, 접었던 작곡을 재개하기로 작정한다. "체념하면 그대로 주저앉을 뿐!" 마티유는 자신이 겪는 시련기를 새로운 성장의 시작으로 삼는다. 살아가는 일은 어떻게 마음먹느냐에 달려 있다. 어떤 어려운 처지에서든 희망을 찾으려는 마음이 중요하다. 어느 음악 교사는 엄지손가락을 잃은 아이에게 기타 운지법을 알려 주면서 격려한다(〈영웅의 발걸음〉, 2016). "항상 가능성을 찾아봐야 해." 빛이 어둠을 이기고 낙관은 비관을 물리친다. 음악가 리처드 용재 오닐은 다음과 같이 말한다(〈안녕?! 오케스트라〉, 2013).

> "앞으로 아이들은 수많은 역경을 만나게 될 거예요. 아이들이 삶을 잘 준비할 수 있도록 우리는 무엇을 해 줄 수 있을까요? 음악은 아이들에게 규범을 가르쳐 주고, 포기하지 않고 열심히 노력하게 할 것이며, 늘 결과가 좋지 않다는 것도 알려 줄 거예요. 음악은 정말 창의적이고 긍정적인 방향으로 이끌죠. 음악의 힘은 우리가 살면서 겪는 좋지 않은 일들이 우리 삶을 파괴하도록 놔두지 않고 오히려 창조적으로 표출될 수 있게 만들어요. 음악이 아버지나 어머니의 빈자리를 대신할 수 없겠지만

어려움에 대처하는 데 도움이 될 수 있어요. 음악은 함께할 사람들과 좋아하는 사람들을 만나게 할 수 있어요. 그리고 그들을 믿고 함께해 주는 누군가가 있다는 것도요."

어느 날 의사가 이상한 기질의 클 만큼 큰 불량아를 데리고 온다. 치료와 교육은 다른 차원일진데 교장은 실험적 제안을 받아들인다. 그는 분위기를 흐트러뜨리고 심지어는 어린 페피노를 잠자리에서 내쫓는다. 숙소 바깥 구석에서 인형을 안고 쪼그린 아이를 본 마티유는 지금까지 볼 수 없던 단호한 표정으로 그에게 경고한다. "머리카락 하나도 건들지 마라." 마티유의 반작용의 토대는 연민과 사랑 그리고 정의와 불의의 분별이다.

마티유는 야심한 시간에 어디선가 흘러나오는 '너의 길을 보라(Vois sur ton chemin)'를 듣는다. "네 길 위를 보라. 버려지고 길 잃은 아이들. 손을 뻗으라, 또 다른 내일로 인도할 수 있게. 깊은 밤, 가슴으로 느껴라. 넘실대는 삶의 희망과 열정을. 영광의 길 저 위에 환한 햇살이 한없이 비추네." 독방에 갇힌 탓에 배운 적이 없는 모향쥬 학생이 빈 교실에서 노래를 부른다. 마티유는 교실에 혼자 머물면 독방에 갇히는 규칙을 빌미로 합창단에 들어와 개인지도를 받게 한다. 교사는 어떤 상황이든 학생을 교육적으로 이끄는 존재이리라.

마티유는 일기를 쓰며 힘을 낸다. "내게 힘을 주는 아이들 덕분에 이렇게 밤새워 작곡을 다시 시작한다. 나는 해내리라!" 얼굴이 밝아진 아이들은 합창 연습을 더 하자고 조를 정도로 변화한다. 마티유의 손길을 따라 아이들은 눈과 입을 오롯이 모아서 '바다의 입맞춤(Caresse sur l'océan)'을 부른다. "눈 덮인 땅, 돌아온 저 새는, 가벼이 바다를 어루만지고, 바위틈 겨울 메아리 속삭이는 미풍, 마침내 사위는 찬 숨결. 저 산 멀리 바람 헤치는 날개 펼쳐, 옅은 동녘 새벽 무지개 길 찾아, 봄은 모습을 드러내리. 살포시 바다 위로." 음악은 귀로 듣는 사랑이라는 말마따나(Schleske, 2011: 215), 노래하는 마음에 사랑과 희망의 새싹이 움트리라.

음악은 정서를 가다듬고 집중력과 자신감을 키운다. 〈라 멜로디〉(2017)의 초등학생들은 처음에는 잠시도 집중하지 않았지만, 바이올린을 배워서 어엿한 오케스트라 무대에 오른다. 〈안녕?! 오케스트라〉(2013)의 천방지축 아이들은 3개월의 짧은 기간에 악기를 익혀 연주회를 가진 뒤 이렇게 말한다. "이런 기분은 처음이에요." 나는 복도를 지나던 학생 둘이 들떠 나누는 얘기를 들은 적이 있다. "인생에서 처음 성공했어!" 호기심이 돌아 물어보니 줄넘기 이단 뛰기를 해낸 성취감의 표현이었다. 성장기의 크고 작은 성취의 기쁨은 삶의 자신감과 연결된다.

노랫소리는 학교에 활기를 불어넣는다. 새로운 변화에 생각이 바뀐 다른 교사들도 아이들을 챙기기 시작한다. 어느 날, 추운 날씨에도 더운물을 쓰지 못해 불만이 쌓인 아이들은 교장을 놀리는 노래를 부른다. 기분이 상한 교장은 합창단을 즉각 해체한다. 반항기 넘치는 소년에게 노래의 소질을 살려 길을 열어 주려고 노심초사하는 〈보이콰이어〉(2014)의 교장과는 천양지차다. 탄압을 피해 숨어든 초기 교회의 카타콤(catacomb)처럼, 아이들은 밤마다 지하실로 모인다. 용서와 은총을 구하는 성가인 '주님, 자비를 베푸소서(Kyrie Eleison)'를 부르는 아이들의 맑은 기도 소리가 하늘까지 닿을 것 같다.

곤히 자는 아이들의 잠자리를 살피던 마티유는 페피노에게 이불을 덮어 준다. 눈만 감은 페피노는 그대로 누운 채 뭔가를 생각한다. 아이들은 사랑받는다는 것을 스스로 알며, 사랑은 사랑받는 사람 안에서 그의 성품을 바꾼다(Schleske, 2011: 30, 41). 한편, 오해로 마음이 틀어진 학생은 연습에 무단으로 빠지고, 그의 음악적 재능을 꽃피우고 싶은 마티유는 따끔하게 가르치고자 데면데면하게 대한다. 반항심은 행동을 그르치고 교만은 불성실을 낳는다. 성장의 길은 한고비 또 한고비를 넘고 또 넘어야 한다.

학교의 후원자가 합창에 대한 소문을 듣고 방문하는 바람에 합창단의 실체가 드러난다. 교장은 내빈에게 합창을 자신의 공으로 돌린다. 마티유는 이를 개의치 않는다. 아이들에게 좋으면 그걸로 족하다. 합창곡은 라모(1683~1764)가 작곡한 '오 밤이여(La Nuit)'다. 한 학생만이 합창단과 멀뚱하니 떨어져 낙심과 원망이 섞인 눈초리로 바라본다. 선생님의 손끝에 아이들의 시선과 호흡이 모이고, 은은한 화음이 울려 퍼진다. 마티유는 지휘를 잠시 멈추고 그윽한 눈빛으로 낙담에 빠진 학생에게 신호를 보낸다. 엉겁결에 자세를 바로잡은 그는 자신을 애틋하게 바라보며 젓는 손길을 따라 노래를 부른다. "오, 밤이여! 그대로 머무르소서, 이 세상에. 신비로운 고요, 당신이 감춘 비밀. 드리우는 그림자 너무도 아름다워라. 당신이 주는 꿈보다 더한 진실이 있을까. 희망을 노래하는 행복한 감미로움." "당신이 주는 꿈보다 더한 진실이 있을까."라는 노랫말처럼, 돌아온 반항아는 앞길을 열어 주려는 선생님의 사랑과 진심에 안도하고 감화된다. 사랑은 마음에 온기를 불어넣고 용서는 감사의 기억을 길이 새긴다.

교직원들이 출장과 휴가로 학교를 비운 주말에 화재가 발생한다. 의사가 데려온 비정상인 불한당이 교장의 잘못된 신고로 경찰서와 병원에 갇힌 데 앙심을 품고 벌인 짓이다. 사람들은 건물 안 아이들 걱정으로 발을 동동 구른다. 그때 노랫소리가 점점 가까워진다. "맑고 따사한 날, 푸른 하늘 ……." 밖은 화창한데 안에서 따분하게 보내는 아이들을 데리고 마티유가 야외로 산책을 다녀온다.

교장은 허락 없이 교외로 나갔다며 마티유를 즉시 해고하고 학생들과의 작별 인사도 막는다. 우리나라 다큐멘터리에서 방학식을 얼마 앞두고 억울한 사유로 한밤중에 해임 통보를 받은 초등학교 담임의 애잔한 바람이 떠오른다(〈명령 불복종 교사〉, 2015). "마지막 인사할 시간은 있어야지요." 선생님과 졸지에 떠어진 아이들은 편지를 접어서 창밖으로 날리고 까치발을 세워 손을 흔들며 '종이비행기(Les Avions En Papier)' 노래를 부른다. "바람에 나는 연, 하늘 높이 바다를 향해, 아이가 바라봅니다. 순수한 사랑, 당신 길을 따라 날아갑니다. 잊지 말고 돌아오세요, 나에게로."

〈하늘을 나는 교실〉(2002)에서도 존경하는 선생님을 붙들고 싶은 초등학생들을 만날 수 있다. 자신들로 인해 학교를 그만둘 위기에 처한 선생님을 붙잡고자 학예 발표장에서 이렇게 밝힌다. "지난 며칠간 저희가 저지른 모든 말썽을 사과드립니다. 우리는 이 노래를 존경하는 선생님을 위해 부르고 싶습니다. 선생님이 학교를 떠나시지 않게 되기를 바랍니다." 그런 다음에 선생님의 평소 가르침을 담은 노래를 부른다.

> 진실을 외면하지 마. 그리고 숨지 마. 불평은 그만하고 네 안의 호랑이를 깨워라. 새로운 길을 개척해 봐. 세상을 재발견하는 거야. 너를 보여주고, 네 뜻을 굽히지 마. 낙관주의자로 살아. 세상에 굴복하지 마. 실수나 실기를 해도 기죽으면 안 돼. 넘어지는 사람은 다시 일어나거든. 오히려 더 씩씩해진단다. 우리 같이 앞으로 나아가자. 우리의 가장 큰 영웅, 선생님이 없으면 교실은 날지 못해요.

내가 중학교 1학년 때인 1973년 5월에 음악 선생님은 소년합창단을 창단했다. 각 반을 돌면서 한 명씩 노래를 부르게 하고 선발했다. 나는 알토 성부로 정해졌다. 몇몇 친구는 합창할 때 여학생 목소리가 난다고 놀렸다. 이 때문에 그만두려는 핑계로 선생님 앞에서 변성기 티를 어색하게 내었다. 다 알고 계신 선생님은 귀엽다면서 말씀하셨다. "계속해!" 선생님 덕분에 발표회 무대에 서고 방송에도 출연했다. 고등학교 때는 반별 합창 경연 때 어설픈 흉내이지만 지휘봉을 잡았다. 소년기의 정서 함양에 한몫을 한 합창은 성년기의 성가대로 이어지면서 내 삶의 일부로 자리 잡았다. 누구든 합창을 하면 아름다운 가사와 다양한 음색이 어우러진 화음으로 합치되는 매력을 느끼리라. 서로의 소리에 귀를 기울여 조화를 이루는 합창이 학교를 비롯한 우리의 일상생활에 널리 스며들기를 기대해 본다.

나의 펜싱 선생님

"아이들 곁에 있고 싶어."

〈나의 펜싱 선생님(The Pencer)〉(2015)[6]은 에스토니아의 국가대표 출신인 엔델 넬리스(Endel Nelis, 1925~1993) 선생님의 이야기다. 그가 아이들을 위해 창단한 펜싱 클럽은 지금도 건재하다. 제2차 세계대전 때, 나치 독일은 점령한 에스토니아의 청년들을 강제로 징집한다. 전쟁이 끝날 즈음, 독일군을 밀어낸 소련은 적군으로 참전한 자는 누구든 범죄자로 간주한다. 넬리스는 억지로 끌려간 독일군에서 몰래 빠져나와 숨어 지내다가 소련의 비밀경찰에게 쫓기는 기구한 신세가 된다.

에스토니아의 외진 마을 학교장은 대도시에서 대학을 나온 넬리스가 한갓진 곳까지 찾아와 교사로 지원한 것을 의아하게 여기고 언제든 약점을 들춰낼 수 있다는 듯이 대한다. 교장이 과외로 맡긴 주말 스포츠 교실의 개설을 위해서 넬리스는 창고에 묵힌 스키를 꺼내 수선을 끝내고 안내문을 붙인다. 그런데 간밤에 군부대

---

6) Klaus Härö 감독, Märt Avandi 출연. 에스토니아 제작.

에서 스키를 징발해 가 버린다. 아무것도 없이 어떻게 해야 하느냐는 하소연에도 교장은 무덤덤하다. "내가 아나? 좋은 대학 나온 사람이 알아서 해야지."

수업을 마치고 체육관에 혼자 남은 넬키스는 발레리노인 양 우아한 자세로 찌르고 물러서는 동작을 점차 속도감을 더해 가며 한참을 반복한다. 이를 본 한 학생이 청한다. "가르쳐 주세요." 아이는 짝으로 해야 해서 어렵다는 거절에 실망감을 비추다가, 기념 배지를 선물로 받고 금세 얼굴이 환해진다. "고맙습니다, 선생님!" 다음 날 게시판 앞은 아이들로 북적인다.

전교생이 다 모인 것 같은 몇십 명이 체육관에 빙 둘러앉아 선생님을 기다린다. 넬키스는 초등학생부터 중학교 저학년까지로 보이는 아이들에게 펜싱을 가르치기 시작한다. "온 신경을 나한테 집중해라. 준비 자세! 나처럼 허리를 펴고 무릎은 굽혀라. 어깨가 올라가지 않게 주의해라. 검을 잡는 손은 앞으로 내밀고, 다른 손은 이렇게 머리 위쪽으로 올려라. 거리를 두고 발놀림을 가볍고 빠르게 해라. 잘 봐라, 이렇게 하는 거다."

펜싱은 상대의 움직임에 감각적으로 반응하는 순발력과 정확한 거리감이 필수적이다. 팽팽한 긴장을 깨트리는 전광석화의 접전에서, 빈틈을 내보이지 않으면서 허점을 찾아 순식간에 찔러야 한다. '나비처럼 날아 벌처럼 쏜다.'라는 표현은 펜싱에 딱 들어맞는다.

"가르치는 건 어때요?"라는 동료 교사의 물음에 넬리스는 교단에 처음 선 어려움을 고백한다. "알아듣게 설명하기가 너무 어려워요." 동료는 기운을 북돋는다. "인내심을 가지고 계속하는 수밖에 없어요. 아이들도 제 딴에는 잘하려고 애를 쓰고 있어요. 무엇보다 전쟁통에 가족을 잃은 아픔을 그 시간만이라도 잊어 보이니 좋아요."

넬리스는 아이들에게 검을 잡는 방법을 설명한다. "이 나뭇가지를 진짜라고 생각해라. 너무 꽉 잡지 마라." 독보적인 프로 골퍼가 골프공을 잘못 쳐서 울상인 아이에게 알려 주는 장면이 연상된다(〈내 생애 최고의 경기〉, 2005). "살아 있는 새를 손에 쥐어 본 적이 있니? 세게 잡으면 새가 다치겠지? 날아가지 못할 정도로만 힘을 주는 거다. 다시 해 봐라."

넬리스는 연습에 임하는 마음가짐을 알려 준다. "실력을 갖추려면 간절히 원하고 열심히 노력해야 한다." 그런 뒤 시범 상대를 지목해서 내세우지만, 어줍은 동작이 성에 차지 않아 답답함을 표출한다. "칼끝은 나를 겨냥해라. 칼을 팔의 연장이라 생각하고, 팔꿈치를 안으로 붙이고 ……. 이게 뭐가 어렵다고, 다시!"

다 알려 주고 싶은 마음에서 한꺼번에 쏟아내자 벅차게 여긴 학생이 박차고 나간다. 넬리스는 쫓아가서 붙잡고 다독인다. "돌아가자. 선생님이 가르쳐 줄게." 학생은 믿기지 않는다는 듯이 묻는다. "어떻게요?" 넬리스는 결의를 내보인다. "나를 똑바로 봐라.

꼭 너를 펜싱 선수로 만들 테다!" 시범으로 내세울 때부터 재목감을 알아보는 직관이 작용하지 않았을까 싶다.

〈미라클 벨리에〉(2014)의 음악 교사는 학생마다의 재능을 파악해서 합창단을 꾸리고, 실수에 계면쩍어하는 학생의 기운을 북돋는다. "처음은 다 그래. 실수하고 넘어져도 일어나서 계속하는 게 연습이다. 그럼 다시 시작해 볼까?" 그리고 스스로의 재능에 의구심을 품는 학생에게 이렇게 말한다. "다 의심해도 좋지만 내 말은 믿어라." 교사는 학생의 재능을 찾아내어 격려하고, 신뢰를 심어주고, 자신감을 가지도록 자신 있게 가르쳐야 한다.

펜싱을 봉건사회의 유물로 여기는 교장이 학부모 회의에 강좌 폐지를 안건으로 올리자, 넬리스는 다음과 같이 발언한다. "짧은 시간에 실력이 부쩍 늘었습니다. 계속 가르치고 싶습니다." 교장의 눈치를 살피던 학부모가 조심스럽게 의견을 밝힌다. "아이들이 정말 좋아해요." 교장은 그런 것은 중요하지 않다면서 없애는 쪽으로 몰고 간다. 가만히 지켜보던 노인이 반기를 든다. "아시나요? 마르크스도 젊어서 펜싱을 했습니다."

심기가 뒤틀린 교장은 넬리스의 뒷조사를 한다. 멀리서 찾아온 러시아인 펜싱 친구는 안전한 곳으로 당장 떠나자고 안달한다. "지독한 놈들이 캐고 다녀. 더 먼 곳으로 가야 해." 넬리스는 고개를 젓는다. "아이들 곁에 있고 싶어." 친구는 한숨을 쉰다. "목숨 걱정을 해야지." 자신의 안위는 제쳐놓고 아이들 생각뿐인 넬리스는 부탁한다. "아이들은 맨손이야. 장비 좀 구해 줘."

제2차 세계대전 때 자기희생의 또 다른 교사로는 유대인 아이들 곁을 지키고자 탈출 기회를 마다하고 가스실에서 생을 같이 마감한 폴란드의 야누슈 코르차크(Janusz Korczak)가 있다. 의사이기도 한 그는 이렇게 말했다. "밤에 아픈 아이를 내버려두지 않고, 이런 때 아이들만 남겨놓지 않는다." 이렇게 학생들을 위해서라면 목숨도 내놓는 고귀한 살신성인의 모습을 국내외 곳곳에서 접하게 된다. 자신의 몸을 총알받이로 삼아 제자를 구하고, 화재가 나자 먼저 대피시키고 나서 연기와 화염에 휩싸이고, 침몰하는 배에서 자신의 구명조끼를 입혀 탈출을 돕는 희생을 들 수 있다.

어느 날 학생들이 가져온 기사를 읽은 넬리스의 낯빛이 흐려진다. 신문에 보도된 1953년 대회의 개최지는 자신을 잡고자 혈안인 자들이 쫙 깔린 모스크바다. 넬리스는 실력을 더 쌓아야 한다고 둘러댄다. 나이는 어려도 당찬 데가 있는 아이가 아픈 곳을 찌른다. "시도도 하지 말라는 건가요?"

학부모회의 때 발언 때문에 노인은 잡혀간다. 할아버지가 남긴 펜싱 검으로 밤낮 연습하며 눈물과 땀으로 젖는 학생의 모습을 지켜본 넬리스는 마음이 움직인다. "가장 어려운 게 뭐니? 내가 가르쳐 줄게." 그러고는 곧 아이들이 소원하는 대회 참가를 선언한다. "너희들은 나갈 실력이 된다." 작은 체구에도 자질을 갖춘 아이는 교체 선수로 포함된다. 사정을 잘 아는 동료 교사는 참가를 말린다. "시베리아로 끌려가 죽으려는 건가요?" 넬리스는 담담하게 대답한다. "아이들이 나를 믿고 의지해요, 아빠처럼!"

대회장에 도착하지만 전자 호구를 갖추지 못해 등록을 거부당한다. 다행히도 생면부지의 팀이 빌려준 덕에 예선을 통과한다. 넬리스는 축하한다. "너희가 정말 자랑스럽구나!" 체포조가 경기장 곳곳에 배치된 가운데 교장은 넬리스와 마주친다. "나는 해야 할 일을 했을 뿐이네. 이 때문에 이 자리까지 왔지. 원한다면 지금 떠나게." 넬리스는 그럴 수 없다고 밝힌다. "애들은 어쩌고요?"

결승전 상대는 이곳이 홈인 팀이다. 아이들은 잠시 자리를 비웠던 넬리스가 돌아오자 안정을 되찾고 힘을 낸다. 똑 부러진 성격의 아이가 다짐을 받는다. "더는 딴 데 가지 마세요. 약속하세요." 한 점 앞선 막판 15초를 남겨 놓고 팀의 에이스는 발목을 접질리어 뛸 수 없게 된다. 넬리스는 교체 선수인 아이를 부른다. "네 차례다." 아이는 골리앗 같은 상대를 겨우겨우 막아 내다가 종료 직전에 실점하고 만다.

연장전에서 우선권(priorité)을 가져간 상대는 승리를 확신한다. 1분이 주어지는 연장전에서 어느 한쪽이 득점하면 바로 경기가 종료되고, 서로 득점이 없으면 우선권을 가진 쪽이 승자가 된다. 넬리스는 아이를 격려한다. "결과가 어떻든 다 괜찮다. 집중하고 최선을 다해라!" 내내 수세에 몰리던 아이는 마지막 순간에 일격을 가한다. 호주의 멜버른 컵 대회 155년 만에 여성 기수가 최초로 우승한 실화를 그린 〈라라걸〉(2019)에서의 교훈이 상기된다. "무엇보다 자신을 확신하고 인내심을 갖는 게 중요하다. 사방이 막히고 숨도 못 쉬니 다 끝났다 싶은 어느 순간에 갑자기 틈이 생긴다."

믿기지 않는 반전에 일순간 얼어붙었던 관중들은 일제히 환호한다. 주변의 축하를 받고 난 아이들은 넬리스를 찾아 두리번거린다. "선생님은? 방금 여기 계셨는데?" 아이들의 시선 속에, 잡혀가는 선생님의 뒷모습이 들어온다. 넬리스는 고개를 돌려 눈빛으로 이야기한다.

무자비한 철권통치자인 스탈린이 사망하자 시베리아 강제노동수용소에 갇힌 사람들은 석방되기 시작한다. 따스한 기운이 감도는 이른 봄날, 한적한 역에서 내린 넬리스는 달려와 안기는 아이들을 쓰다듬는다. "잘 지냈니?" 넬리스는 비록 어려운 시절을 지나는 방편으로 시작했지만 가르치면서 삶의 의미와 행복을 찾는다. 어느 영화 속 노교사는 이렇게 회고한다(〈선생님, 안녕하세요〉, 2019). "너희를 만나서 비로소 내 삶의 가장 아름다운 시기가 생겼다."

굿바이 미스터 칩스

"내 자식은 아주 많네!"

〈굿바이 미스터 칩스(Goodbye, Mr. Chips)〉(1939)의 원작은 제임스 힐튼(James Hilton, 1900~1954)이 1934년에 출간한 동명의 소설이다. '칩스'의 인물상은 작가가 다닌 사립 기숙학교에서 교사와 교장으로 반백 년을 보내고 말년에는 학교 근처에서 머물다 작고한 발가니(1869~1951)와 교직에서 한평생을 지낸 작가의 부친이다. 1939년에 출시된 영화는 흑백, 1969년은 뮤지컬 형식을 띠고, 2002년 영화는 컬러다.[7] 여기에서는 1939년을 주로 다루고 1969년과 2002년 영화를 간간이 엮는다.

높은 첨탑에서 종소리가 울려 퍼진다. 검은색 가운을 걸친 교장은 신임 교사와 함께 교정을 걸어가면서 학교의 역사와 전통을 알려 준다. 콜럼버스가 신대륙을 발견한 1492년에 설립된 브룩필드는 국가에 기여한 저명한 인사를 많이 배출한 까닭에 '영국의 심

---

7) 1939년은 Sam Wood 감독, Robert Donat 출연. 영국 제작; 1969년은 Herbert Ross 감독, Peter O'Toole 출연. 미국 제작; 2002년은 Stuart Orme 감독, Martin Clunes 출연. 영국 제작.

장'으로 불린다. 1928년 개학식에서 교장은 학교의 자랑으로 자라 달라면서 자부심을 심어 준다.[8)]

지팡이를 짚은 칩스는 학생들의 이름을 다정하게 부르며 인사를 주고받는다. 교장은 60여 년을 브룩필드에서 보내면서 전교생의 가계를 훤히 꿰는 칩스를 신임 교사에게 소개한다. "우리 학교의 상징이자 산증인입니다." 칩스는 신참을 격려한다. "첫 수업에 들어가면, 떨며 서 있는 첫 번째 교사가 아님을 기억하세요. 시작은 어색하고 어려울 수 있으나 나아질 겁니다." 귀가한 칩스는 아내 캐서린이 세상을 떠나기 전부터 줄곧 함께 지낸 가정부에게 케이크를 챙겨 놓았는지 확인한다. 곧바로 대답이 돌아온다. "당연하죠. 그동안 아이들이 얼마나 해치웠는데요." 노쇠한 칩스는 벽난로 앞에 앉은 채 꿈나라로 빠진다.

시간을 되돌린 1870년, 스물다섯 살의 칩스는 설렘과 긴장이 뒤섞인 얼굴로 기차에 오른다. 그리고 자리 맞은편에 잔뜩 움츠린 채 앉아 있는 신입생을 위로한다. "처음은 다 힘들단다." 말이 끝나기가 무섭게 학생이 울음을 터트리자 어쩔 줄을 몰라 한다. 당찬 포부를 품고 학교에 도착한 칩스는 관례대로 저학년을 맡는다. 교장은 경계심을 환기시킨다. "첫날은 아이들이 놀잇감으로 여길 것입니다. 행운을 빕니다." 〈모나리자 스마일〉(2003)에서 첫 시간을 목

---

8) 영화 속 칩스의 생애는 1845~1928년이다.

전에 둔 신임 교수에게 해준 동료의 조언이 떠오른다. "얕보이면 밟혀요."

　짓궂은 학생들은 어수룩해 보이는 칩스를 골탕 먹이고 엉뚱한 질문을 던져 정신을 쏙 빼놓는다. 교장은 대책 없이 된통 당하는 모습을 목격하고 학생들을 꾸짖는다. "오늘은 처음으로 회초리를 들겠다." 교장은 칩스를 따로 불러 충고한다. "가르치기는 쉽지 않습니다. 학위 이상이 요구됩니다. 우리의 사명은 사람답게 성장시키는 일입니다. 고매한 품성과 굳센 용기는 필수입니다. 그 무엇보다 권위를 드러낼 수 있어야 합니다. 그렇지 못하다면 이 자리에 제격인지를 진지하게 돌아봐야 합니다." 칩스는 마음을 다잡는다. "다시는 그런 일이 없을 겁니다."

　학교 대항 크리켓 결승 날의 조회 시간에 교장은 우승컵을 지켜내자고 학생들의 승부욕을 자극하지만 이상하리만큼 반응이 잠잠하다. 칩스가 기강을 잡는 일에 온 신경을 쏟느라 깜박하고 시합과 겹치게 수업을 잡아 놓았기 때문이다. 수강하는 학생 가운데는 가장 빼어난 선수도 끼어 있다. 칩스는 한번 한 말을 뒤집기 어렵다는 뜻을 내비친다. 교장은 황당해하면서도 앞길이 창창한 교사의 권위를 지켜 주는 쪽으로 마음을 정한다. 마지못해 교실에 앉아 있는 학생들의 귀는 온통 운동장에 쏠린다. 결국 맞수와의 패배에 크게 낙담한 학생들은 항의한다. "학교의 명예가 걸린 문제입니다. 선생님은 학생들의 기분을 전혀 모르세요." 칩스는 뒤늦게 자성한다. "내 생각만 했구나."

어느덧 중년이 된 칩스는 지쳐 보인다. 꼬리표가 붙어 내려오는 탓인지 학생들과 여전히 겉돈다. 저마다 좋아하는 선생님을 둘러싸고 방학 때 보낼 일로 들떠 이야기하는 모습을 혼자 떨어져서 바라보던 칩스는 브룩필드로 처음 올 때 기차에서 만난 학생과 마주친다. 어엿한 신사가 된 제자는 자신을 알아보겠냐면서 인사한다. 칩스는 기억을 되살린다. "자네가 먼저 울지 않았다면, 내가 울었을 거네." 나의 사정은 이와는 다르지만, 교단에 첫발을 딛고 한 달이 채 지나지 않아 아이들과 행복하게 지내는 교실의 문턱을 벗어난 사회는 대학 때 그리던 것과 크게 달라서 울 뻔한 기억이 아슴푸레 난다.

한 동료 교사는 외돌며 일상을 무료하게 보내는 칩스를 안타깝게 여기고 동반 여행을 밀어붙인다. 〈클래스〉(2008)에는 이런 장면이 나온다. 교사가 잔뜩 흥분한 채 교무실로 들어오면서 올해 같은 학생들은 처음 겪고 꼴도 보기 싫다 소리치고 고개를 푹 숙이자, 동료가 다가가서 바깥바람을 쐬자고 잡아끈다. 이처럼 가르치는 길을 동행하는 동료의 공감과 위로야말로 교단의 어려움을 견디는 큰 힘이 된다.

여정 중 알프스에 오른 칩스는 갑자기 몰아닥친 짙은 안개 속에서 들리는 목소리를 쫓아 구조하고자 나선다. 캐서린은 위험을 무릅쓰고 찾아온 칩스에게 감동하고 안개가 걷히기를 기다리면서 이야기를 나눈다. 캐서린은 교사는 학생의 인성을 형성하며 성장하는 모습을 지켜보고 졸업해서도 연락을 이어 가는 멋진 삶을 살아간다고 선망하면서 교직의 가치를 최고로 손꼽는다(〈굿바이 미스터 칩스〉, 2002). "온전히 자신을 선물하는 것과 같은 가르치는 일은 세상에서 가장 훌륭하고 중요하잖아요."

각자의 길을 떠난 칩스와 캐서린은 도나우강을 거슬러 가는 같은 배를 서로 모른 채 승선한다. 칩스는 갈색인 도나우강을 푸르다고 부르는 이유를 궁금해 하는 동료에게 알려 준다. "사랑에 빠진 사람에게는 푸르게 보인다는 전설이 있어요." 갑판 반대편에서는 캐서린의 친구가 "도나우는 푸르다고 했는데."라며 중얼거리자, 캐서린은 대뜸 반응한다. "푸른색 맞잖아!" 캐서린이 한배에 탄 것을 알게 된 칩스는 딴사람이 된 것처럼 찾아 나선다.

개학 첫날의 단연 화제는 칩스의 결혼이다. 상냥한 캐서린은 학생들을 살갑게 대한다. "선생님께서 매주 일요일에 너희를 집으로 초대하고 싶어 하신단다." 캐서린은 집으로 온 학생들에게 손수 구운 빵을 내놓고, 크리켓 우승을 하면 파티를 열겠다고 약속한다. 캐서린은 교실에서 어떻게 권위를 세울지 걱정하는 칩스의 기운을 북돋는다. "쉬울 거예요. 이제부터는 아이들의 친구잖아요." 칩스는 경탄한다. "당신은 혁명적이야!" 요즘은 사제간에 친밀하다는 뜻에서 이 같은 표현을 쓰지만, 그 당시로는 획기적인 발상이다. 교사는 아이들 위가 아닌 아이들을 위해 존재한다. 자신을 비우고 내려놓으면 아이들로 가득 채워진다(Metz, 1994: 17).

숨겨 놓은 재담을 수업 때 꺼내 보라는 아내의 조언을 따라 칩스는 우스갯소리를 흘린다. 기대 밖의 일이라서 순간 알아채지 못한 학생들의 웃음보가 뒤늦게 터진다. 훌륭한 교사는 교실에 온기를 불어넣고 웃음꽃을 피게 한다. 〈브라우닝 버전〉(1951)의 원로 교사는 초보 교사에게 자신이 지내던 교실을 물려주면서 조언한다. "웃음은 성실함보다 훨씬 더 많은 것을 가르칠 수 있습니다."

〈미세스 하이드〉(2017)에서, 가르치는 데 어려움을 겪는 자신을 합리화하고자 학생에게 사랑받을 필요 없이 이해만 시키면 된다고 한때 말하던 교사는 실습을 마친 예비 교사에게 이렇게 기원한다. "가르치면서 행복하기를 바라요." 내가 만난 어느 초등학교 교사는 하교하는 아이들이 상긋방긋하며 "선생님, 사랑해요. 주말 잘 보내세요."라고 건네는 예쁜 인사에서 행복과 보람을 느낀다고 밝혔다. 교사의 행복감은 학생들과의 교감에서 비롯된다.

가정의 온기가 교실을 밝힌 칩스와 대조되는 모습은 〈브라우닝 버전〉(1951, 1994)[9]의 앤드류 선생님이다. 칩스처럼 라틴어와 고전을 성실하게 가르치지만, 아내와의 갈등으로 감정이 메마르면서 처음과 다르게 엄격한 원칙주의자로 변한다. 군대에서 별을 단

---

[9] 〈브라우닝 버전〉은 『Goodbye, Mr. Chips』 소설을 영화로 각색한 극작가 래티건(1911~1977)이 자신의 학창 시절에서 영감을 떠올려 만든 영화다. 이 영화의 제목은 시인 브라우닝(1812~1889)의 그리스 신화 『아가멤논』 번역본을 의미한다.

졸업생 제자도 그 앞에서는 얼어붙을 정도다. 삶을 돌아보게 만든 촉매제가 된 한 학생을 제하고는 대부분에게 비호감이다. 그는 오랫동안 생활한 학교를 사실상 등 떠밀리어 떠나면서 교사로도 인간으로도 실패한 심정을 진술하게 고백한다.

"미안합니다. 선성으로서 동감. 고무. 인간애 같은 마땅한 바람에 부응하지 못했습니다. 학생을 보살피며 인성과 지성을 형성하는 고귀한 소명을 훼손했습니다. 처음 여기에 왔을 때나 지금도, 가르치는 게 제 천직이라고 믿습니다. 무엇을 하고 싶은지 알지만 못했습니다. 변명의 여지가 없습니다. 처절하게 실패했습니다. 부디 여러분은 자신의 마음속에서, 앞서간 사람들 속에서, 그것을 찾을 수 있기를 바랄 뿐입니다. 여러분을 실망하게 만든 나를 용서해 주기를 바라지만, 나도 나 자신을 용서하기 어렵습니다(<브라우닝 버전>, 1951, 1994)."

칩스는 자신의 변신을 아내의 공으로 돌린다(<굿바이 미스터 칩스>, 2002). "아내 덕분에 교실을 신선한 공기로 채웠습니다." 천재 수학자의 삶을 그린 <뷰티풀 마인드>(2001)의 존 내쉬(1928~2015)도 병약한 자신을 지켜 준 아내에게 노벨상 수상의 소감을 전한다. "당신은 나의 존재 이유이고, 나의 전부입니다." 이같이 칩스에게 삶의 중심축인 캐서린은 애석하게도 난산으로 인해 세상을 뜬다. 학생들은 엄마를 잃은 듯이 슬픔에 잠긴다.

시간이 흘러 연로한 칩스는 신임 교장과 갈등한다. 교장은 바뀐 새 세상의 실질적인 요구를 학교가 수용해야 한다고 내세운다(〈굿바이 미스터 칩스〉, 2002). 칩스는 품위와 권위가 사라지게 되리라 염려하고(〈굿바이 미스터 칩스〉, 1939), 가르침의 궁극적인 목적으로 '품성과 지성'에 방점을 찍고(〈굿바이 미스터 칩스〉, 2002), 학생들이 '유머' '자제력' '판단력' 같은 균형 감각과(〈굿바이 미스터 칩스〉, 1939) 사람들과 협력하고 친화하는 사회성을 기르면(〈굿바이 미스터 칩스〉, 1969) 삶을 헤쳐 갈 수 있다고 주장한다. 동전의 양면처럼, 교육의 본질과 훌륭한 전통은 이어야 하고 미래를 위한 변화는 앞서야 한다.

칩스의 퇴진을 두고 벌어진 언쟁이 학교에 퍼진다. 학생들은 칩스를 건들면 가만 있지 않겠다는 태세다. 사태를 우려한 졸업생들도 찾아온다. 칩스는 제자들에게 자신도 새로워지겠다고 밝히고, 교장의 위신을 세운다(〈굿바이 미스터 칩스〉, 2002). "교장은 학교를 운영하고 발전시킬 책임을 부여받았고 그 권위는 존중되어야 한다."

1914년, 교단에서 45년 가까이 지낸 칩스는 은퇴를 맞아 양복 차림으로 답사를 한다. "여러분을 잊지 않을 겁니다. 지금 그대로의 모습으로!" 그리고 학생들과 합송 기도로 고별사를 마친다(〈굿바이 미스터 칩스〉, 2002). "주님, 브룩필드에 당신의 빛을 비추소서. 저희에게 영원한 지식의 깨달음을 주시어, 주님의 은총으로 밝혀진 배움의 길을 따라 나아갈 수 있게 하소서." 교장은 배웅하며 밝힌다. "선생님의 제자는 학생들만이 아님을 기억해 주세요. 그 가운데는 교장도 있습니다."

제1차 세계대전이 일어난다. 입대하게 된 교장은 칩스에게 학교로 돌아와 교장직을 같아 달라고 부탁한다. 공습으로 교실이 흔들린다. 근처에 떨어진 포탄의 충격파로 창이 깨지자 학생들은 재빨리 의자 밑에 엎드린다. 칩스는 미동도 없이 제자리를 지키고, 특유의 유머로 학생들의 긴장과 두려움을 가시게 한다.

칩스는, 전선으로 떠나면서 가족을 돌봐달라고 한 제자의 청에 따라 가정을 방문하고, 아기가 크면 브룩필드로 보내라고 권한다. 아이의 엄마는 이는 가문의 전통이고 남편이 돌아오면 소소한 일상에 감사하며 살겠다고 소망한다. 비통하게도 제자는 전사한다. 애달픈 소식을 학생들에게 전하고 교장실로 돌아온 칩스는 전화를 받는다. "전쟁이 끝났습니다."

깜박 잠이 들었던 칩스는 밖에서 부르는 소리에 깬다. "찾으신다 해서 왔습니다." 내려오는 대로 선배들이 후배를 놀리려고 꾸민 일이다. 칩스는 신입생의 이름에 놀란다. "네 아버지를 잘 안단다." 학생은 자랑스러워한다. "아버지는 전쟁 영웅이시니까요!" 칩스는 집안 내력인 먹성을 떠올려서 자른 케이크를 건네고 살뜰하게 대한다. "학교는 어떠니? 조금 겁이 나지? 처음에는 나도 그랬단다. 곧 마음에 들 거다." 기숙사의 저녁 회합을 알리는 종이 울린다. 학생은 환히 웃으며 인사를 한다. "안녕히 계세요, 칩스 선생님!" 칩스는 다시 잠에 빠진다. 임종을 맞은 칩스는 자식 하나 없이 떠나게 되어 딱하다는 소리에 가늘게 눈을 뜬다. "내 자식은 아주 많네!"

기차를 타고 브룩필드로 향한 칩스처럼, 그 나이 때 나도 꽃샘추위가 느껴지는 봄날의 완행열차를 타고 산자락에 자리한 봉양중학교를 찾아갔다. 그리고 1985년 4월 1일 월요일, 긴장과 들뜬 마음으로 첫날을 시작했다. 하지만 겨울이 오면 떠나야 하는 임시교사의 처지인지라, 잘 따라 주던 마냥 순수한 아이들과 정이 넉넉한 선생님들과 헤어질 때는 발걸음이 떨어지지 않았다. 처음 찾은 곳에서 교직의 첫발을 뗄 때가 엊그제 같은데, 일순간처럼 40여 년이 흐른 출근 첫날이 만우절 거짓말인 양 느껴지고, 그때의 생생한 그리움에 가슴이 아린다.

에필로그

나는 달릴 길을 다 달렸습니다(2티모 4,7 참조). 긴 세월을 지나 종착에 닿으니 감사의 마음과 더불어서 안도와 아쉬움이 교차합니다. 가르친 학생들의 성장은 큰 보람이지만 애달픈 아이들이 떠오릅니다. 본의 아니게 자퇴하고, 가족과 연락이 끊어진 뒤 소식이 감감하고, 불의의 일로 일찍 세상을 떠나고, 사회에 나가 생계를 위해 밤늦도록 뛰어다니다 마주친 안타깝고 짠한 기억은 아픈 손가락처럼 잊히지 않습니다.

〈엠퍼러스 클럽〉(2002)에서 25년 만에 만난 고교 졸업생들은 은사인 헌더트에게 헌사합니다. "훌륭한 선생님은 겉으로는 화려하지 않지만, 그의 삶은 다른 이들에게 영향을 미칩니다. 우리 내면의 기둥이고 지속해서 우리 삶에 힘을 불어넣고 빛을 비춥니다." 이같이 학생들은 삶의 본보기로 교사를 바라봅니다. 하지만 영화에서 헌더트가 읊조린 독백처럼, 교사는 제자가 잘되기를 바라는 마음은 한결같으나 알게 모르게 저지르는 잘못을 숙명적으로 짙어지는 게 아닐까도 싶습니다. 이런 한계 때문인지 세월이 쌓인 지금도 시행착오를 겪는 저를 돌아보면 부족함은 끝이 없다는 생각입니다.

〈천국의 아이들〉(1997)의 오전과 오후반의 어린 남매는 신발 한 켤레로 번갈아 신고 다니느라 지각합니다. 처지에 따라 바라보는 게 달라진다고는 하나, 사정을 모르는 어떤 교사는 늦었다고 밖으로 쫓아내고 다른 교사는 안으로 데리고 옵니다. 이와 비슷하게 형편을 헤아리지 못한 나로 인해 상처를 입었다면 사람은 누구나 부족하다는 말을 내세워 너그러이 넘겨주기를 염치 불고하고 바랄 뿐입니다. 모쪼록 모든 선생님과 학생이 서로에게 위안이 되기를, 다 함께 행복하기를 기원합니다.

교단에 첫발을 딛고 지금에 이른 지난날을 돌아보면 그리움에 눈물이 돌기도 하지만, 힘든 순간은 다 녹아 사라지고 모든 게 감사하고 행복한 시간으로 여겨집니다. 마지막으로, 오랜 세월이 흐른 후에야 진심을 겨우 전하고 석별하는 영화 속 선생님들과 비슷하게 제 작별 인사를 갈음하고자 합니다. "애들아, 잘 지내. 선생님, 잘 지내세요. 안녕." 제가 지은 시 「봄풀」로 이 책을 마무리합니다. '아지랑이 살며시 / 언 땅 헤집고 고개 든 // 두는 눈길 없어도 / 제 몫의 세상 보란 듯 이어 가는 // 태워지고 밟히고 뜯겨도 / 새로 돋는 // 아, 널브러진 / 질긴 생명 / 대지의 소생이여(정일화, 2022: 76).

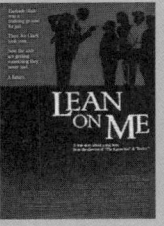

참고영화

42(2013). 42. Brian Helgeland 감독, Chadwick Boseman & Harrison Ford 출연. 미국.
고교 얄개(1977). A Joker in High School. 석래명 감독, 이승현·김정훈 출연.
고독한 스승(1989). Lean on Me. John G. Avildsen 감독, Morgan Freeman 출연. 미국.
괴테스쿨의 사고뭉치들(2013). Suck Me Shakespeer. Bora Dağtekin 감독, Elyas M'Barek 출연. 독일.
교실 안의 야크(2019). Lunana: A Yak in the Classroom. Pawo Choyning Dorji 감독, Sherab Dorji 출연. 부탄.
국가대표2(2016). Run Off. 김종현 감독, 수애·오연수 출연.
굿 윌 헌팅(1997). Good Will Hunting. Gus Van Sant 감독, Robin Williams 출연. 미국.
굿바이 미스터 칩스(1939). Goodbye. Mr. Chips. Sam Wood 감독, Robert Donat 출연. 영국.
굿바이 미스터 칩스(1969). Goodbye., Mr. Chips. Herbert Ross 감독, Peter O'Toole 출연. 미국.
굿바이 미스터 칩스(2002). Goodbye, Mr. Chips. Stuart Orme 감독. Martin Clunes 출연. 영국.
그레이트 디베이터스(2007). The Great Debaters. Denzel Washington 감독 및 출연. 미국.

글로리 로드(2006). Glory Road. James Gartner 감독, Josh Lucas 출연. 미국.

기다리는 아이(1963). A Child Is Waiting. John Cassavetes 감독, Burt Lancaster & Judy Garland 출연. 미국.

꽃피는 봄이 오면(2004). Springtime. 류장하 감독, 최민식·김호정·장신영·김강우 출연.

나는 마을 방과후 교사입니다(2022). The Teachers: pink, nature trail, ridge between rice paddies, plum. 박홍열 감독, 황다은 각본.

나의 펜싱 선생님(2015). The Pencer. Klaus Haro 감독, Mart Avandi 출연. 에스토니아.

나이팅게일의 새장(1945). La Cage Aux Rossignols. Jean Dréville _감독, Noel-Noel 출연. 프랑스.

내 마음의 풍금(1999). The Harmonium In My Memory. 이영재 감독, 이병헌·전도연 출연.

내 생애 최고의 경기(2005). The Greatest Game Ever Played. Bill Paxton 감독, Shia LaBeouf 출연. 미국.

너는 착한 아이(2015). Being Good. O Mipo 감독, Kora Kengo 출연. 일본.

다우트(2008). Doubt. John Patrick Shanley 감독, Meryl Streep 출연. 미국.

당신의 학생인가(2020). Learning Revolution. 백진우 감독, 김민솔·김재웅 출연.

댓츠 왓 아이 엠(2011). That's What I Am. Michael Pavone 감독, Ed Harris 출연. 미국.

더 티처(2017). Les Grands Esprits. Olivier Ayache-Vidal 감독, Denis Podalydes 출연. 프랑스.

독수리 에디(2015). Eddie the Eagle. Dexter Fletcher 감독, Taron Egerton 출연. 영국·독일.

댄뽀걸즈(2017). Dance Sports Girls. 이승문 감독, 이규호·김현빈·배은정·박혜영 출연.

라 멜로디(2017). La Mélode. Rachid Hami 감독, Kad Merad & Samir Guesmi. 프랑스.

라라걸(2019). Ride Like a Girl. Rachel Griffiths 감독, Kad Merad 출연. 호주.

로빙화(1989). The Dull-Ice Flower. Yang Li Guo 감독, Wong Kwan-Yuen 출연. 대만.

록키(1976). Rocky. John G. Avildsen 감독, Sylvester Stallone 출연. 미국.

론 클락 스토리(2006). The Ron Clark Story. Randa Haines 감독, Matthew Perry 출연. 미국.

루디 이야기(1993). Rudy. David Anspaugh 감독, Sean Astin 출연. 미국.

루키(2002). The Rookie. John Lee Hancock 감독, Dennis Quaid 출연. 미국.

리멤버 타이탄(2000). Remember the Titans. Boaz Yakin 감독, Denzel Washington 출연. 미국.

리바운드(2022). Rebound. 장항준 감독, 안재홍·이신영·정진운·김택·정건주·김민·안지호 출연.

마법의 합창단(2002). Spellbound. Jeffrey Blitz 감독, Harry Altman & Angela Arenivar 출연. 미국.
마지막 수업(2002). Être et Avoir. Nicolas Philibert 감독. 캐나다.
마틸다(1996). Matilda. Danny DeVito 감독, Mara Wilson 출연. 미국.
맥팔랜드 USA(2015). McFarland USA. Niki Caro 감독, Kevin Costner 출연. 미국.
맨발의 꿈(2010). A Barefoot Dream. 김태균 감독, 박희순·고창석 출연.
맨발의 승리(2021). 12 Mighty Orphans. Ty Roberts 감독, Luke Wilson 출연. 미국.
머니볼(2011). Moneyball. Bennett Miller 감독, Brad Pitt 출연. 미국.
명령 불복종 교사(2015). The Disobeying Teachers. 서동일 감독, 송용운 출연.
모나리자 스마일(2003). Mona Lisa Smile. Mike Newell 감독, Julia Roberts 출연. 미국.
무한대를 본 남자(2015). The Man Who Knew Infinity. Matthew Brown 감독, Dev Patel 출연. 영국.
뮤직 오브 하트(1999). Music of the Heart. Wes Craven 감독, Meryl Streep 출연. 미국.
미라클 벨리에(2014). The Belier Family. Eric Lartigau 감독, Louane Emera 출연. 프랑스.
미라클 시즌(2018). The Miracle Season. Sean McNamara 감독, Erin Moriarty 출연. 미국.
미라클 워커(1962). The Miracle Worker. Arthur Penn 감독, Anne

Bancroft 출연. 미국.

미라클 워커(2000). The Miracle Worker. Nadia Tass 감독, Alison Elliott 출연. 미국.

미라클(2004). Miracle. Gavin O'Connor 감독, Kurt Russell 출연. 미국.

미세스 하이드(2017). Madame Hyde. Serge Bozon 감독, Isabelle Huppert 출연. 프랑스.

미스 스티븐슨(2016). Miss Steven. Julia Hart 감독, Lily Rabe 출연. 미국.

믿음의 승부(2015). Catching Faith. John K.D. Graham 감독, Lorena Segura York 출연. 미국.

보이콰이어(2014). Boychoir. François Girard 감독, Garrett Wareing 출연. 미국.

불의 전차(1981). Chariots of Fire. Hugh Hudson 감독, Ben Cross 출연. 영국.

뷰티풀 마인드(2001). A Beautiful Mind. Ron Howard 감독, Russell Crowe 출연. 미국.

브라우닝 버전(1951). The Browning Version. Anthony Asquith 감독, Michael Redgrave 출연. 영국.

브라우닝 버전(1994). The Browning Version. Mike Figgis 감독, Albert Finney 출연. 영국.

블라인드 사이드(2009). The Blind Side. John Lee Hancock 감독, Sandra Bullock 출연. 미국.

블랙(2005). Black. Sanjay Leela Bhansali 감독, Rani Mukerji & Amitabh Bachchan 출연. 인도.

블랙보드 정글(1955). Blackboard Jungle. Richard Brooks 감독, Glenn Ford 출연. 미국.

빌리 엘리어트(2000). Billy Elliot. Stephen Daldry 감독, Jamie Bell 출연. 영국.

선생 김봉두(2003). Teacher, Mr. Kim. 장규성 감독, 차승원 · 변희봉 · 성 지루 · 이재응 출연.

선생(2015). Senior Teacher. Sha Mo 감독, Xiaojie Tian 출연. 중국.

선생님!... 좋아해도 될까요?(2017). My Teacher. Miki Takahiro 감독, Ikuta Toma · Hirose Suzu 출연. 일본.

선생님, 안녕하세요(2019). Song of Youth. Zhang Luan 감독, Qian Yu · Melody Tang 출연. 중국.

선생님의 아이들, 아이들의 선생님(2014). EBS 스승의 날 특집 다큐멘터리.

선생님의 일기(2016). The Teacher's Diary. Nithiwat Tharathorn 감독, Bie Sukrit Wisetkaew 출연. 태국.

세 얼간이(2009). 3 Idiots. Rajkumar Hirani 감독, Aamir Khan 출연. 인도.

세크리테어리엇(2010). Secretariat. Randall Wallace 감독, Diane Lane 출연. 미국.

소울 서퍼(2011). Soul Surfer. Sean McNamara 감독, AnnaSophia Robb 출연, 미국.

속단하지 마세요(2020). Don't Judge. Elvis Naçi 감독. 알바니아.

스쿨 오브 락(2003). School of Rock. Richard Linklater 감독, Jack Black 출연. 미국.

스쿨 오브 락樂(2021). 강호준 감독, 방승호 출연.
스탠드 앤 딜리버(1988). Stand and Deliver. Ramon Menéndez 감독, Edward James Olmos 출연. 미국.
스탠바이, 웬디(2017). Please Stand By. Ben Lewin 감독, Dakota Fanning 출연. 미국.
아메리칸 티처(2011). American Teacher. Vanessa Roth · Brian McGinn 감독. 미국.
아키라 앤 더비(2006). Akeelah and the Bee. Doug Atchison 감독, Laurence Fishburne 출연. 미국.
안녕?! 오케스트라(2013). Hello?! Orchestra. 이철하 감독, 리처드 용재 오닐 출연.
억셉티드(2006). Accepted. Steve Pink 감독, Justin Long 출연. 미국.
언제나 마음은 태양(1967). To Sir. with Love. James Clavel 감독, Sidney Poitie 출연. 영국.
엠퍼러스 클럽(2002). The Emperor's Club. Michael Hoffman 감독, Kevin Kline 출연. 미국.
여선생 vs 여제자(2004). Lovely Rivals. 장규성 감독, 염정아 · 이세영 출연.
여인의 향기(1992). Scent of a Woman. Martin Brest 감독, Al Pacino 출연. 미국.
영웅의 발걸음(2016). Hero Steps. Henry Rincon 감독, Federico Lopez 출연. 콜롬비아.
오늘부터 시작이야(1999). It All Starts Today. Bertrand Tavernier 감독, Philippe Torreton 출연. 프랑스.

옥토버 스카이(1999). October Sky. Joe Johnston 감독, Jake Gyllenhaal 출연. 미국.
온 더 웨이 투 스쿨(2013). On The Way to School. Pascal Plisson 감독. 프랑스.
와와의 학교 가는 날(2009). Walking to School. Peng Chen 감독, Ding Jia Li 출연. 중국.
완득이(2011). Punch. 이한 감독, 김윤석·유아인 출연.
우리는 마샬(2006). We Are Marshall. McG 감독, Matthew McConaughey 출연. 미국.
우리학교(2006). Our School. 김명준 감독, 리호미 출연.
울학교 이티(2008). Our School's E.T.. 박광춘 감독, 김수로·이한위 출연.
원더(2017). Wonder. Stephen Chbosky 감독, Jacob Tremblay 출연. 미국.
원트 백 다운(2012). Won't Back Down. Daniel Barnz 감독, Maggie Gyllenhaal 출연. 미국.
위험한 아이들(1995). Dangerous Minds. John N. Smith 감독, Michelle Pfeiffer 출연. 미국.
이상한 나라의 수학자(2022). In Our Prime. 박동훈 감독, 최민식·김동휘 출연.
인빅터스(2009). Invictus. Clint Eastwood 감독, Morgan Freeman 출연. 미국·남아프리카공화국.
죽은 시인의 사회(1989). Dead Poets Society. Peter Weir 감독, Robin Williams 출연. 미국.

지상의 별처럼(2007). Like Stars on Earth. Aamir Khan 감독, Aamir Khan 출연. 인도.

집으로 가는 길(1999). The Road to Home. Zhang Yimou 감독, Zhang Ziyi 출연. 중국.

천국의 아이들(1997). Children of Heaven. Majid Majidi 감독, Amir Farrokh Hashemian 출연. 이란.

천국의 아이들(2012). Children of Heaven. 박흥식 감독, 유다인 · 박지빈 출연.

철벽선생(2019). My Teacher, My Love. Sho Tsukikawa 감독, Toma Ikuta & Suzu Hirose 출연. 일본.

초크(2006). Chalk. Mike Akel 감독, Chris Mass 출연. 미국.

캐치 미 이프 유 캔(2002). Catch Me If You Can. Steven Spielberg 감독, Leonardo DiCaprio 출연. 미국.

캠퍼스 히어로(1986). Hard Lessons. Eric Laneuville 감독, Denzel Washington 출연. 미국.

코러스(2004). The Chorus. Christophe Barratier 감독, Gérard Jugnot 출연. 프랑스.

코치 카터(2005). Coach Carter. Thomas Carter 감독, Samuel L. Jackson 출연. 미국.

클래스(2008). The Class. Laurent Cantet 감독, François Bégaudeau 출연. 프랑스.

킹콩을 들다(2009). Lifting Kingkong. 박건용 감독, 이범수 · 조안 출연.

테이크 더 리드(2006). Take the Lead. Liz Friedlander 감독, Antonio

Banderas 출연. 미국.

파란만장 교사 실습(2016). To Be a Teacher. Jakob Schmidt 감독. 독일.

파워 오브 원(1992). The Power of One. John G. Avildsen 감독, Stephen Dorff 출연. 프랑스·독일·호주·미국.

파인딩 포레스터(2000). Finding Forrester. Gus Van Sant 감독, Sean Connery 출연. 미국.

퍼스트 그레이더(2010). The First Grader. Justin Chadwick 감독, Oliver Litondo 출연. 영국·미국.

프리덤 라이터스(2007). Freedom Writers. Richard LaGravenese 감독, Hilary Swank 출연. 미국.

하늘을 나는 교실(2002). The Flying Classroom. Tomy Wigand 감독, Ulrich Noethen 출연. 독일.

하버드 대학의 공부벌레들(1973). The Paper Chase. James Bridges 감독, Timothy Bottoms 출연. 미국.

학교 가는 길(2007). Buddha Collapsed out of Shame. Hana Makhmalbaf 감독, Abbas Alijome 출연. 이란.

학교 가는 길(2014). The Road to School. 이경묵·구준회 감독, Dalka 출연.

학교 가는 길(2020). A Long Way to School. 김정인 감독, 이은자·정난모 출연.

행복은 성적순이 아니잖아요(1989). School Record isn't Proportional to Happiness. 강우석 감독, 이미연·김보성 출연.

호로비츠를 위하여(2006). For Horowitz. 권형진 감독, 엄정화·박용

우 출연.
홀랜드 오퍼스(1995). Mr. Holland's Opus. Stephen Herek 감독, Richard Dreyfuss 출연. 미국.
후지어(1986). Hoosiers. David Anspaugh 감독, Gene Hackman 출연. 미국.

참고문헌

강영택(2024). 시로 읽는 교육의 풍경. 살림터.
경희대학교(1984). 선금교. 영어교육과 학회지, 창간호. 비매품.
그림책사랑교사모임(2014). 나는 교사다 그러므로 생각한다. 교육과 실천.
김동훈(2018). 교사, 전문가로 살아야 행복합니다. 교육과학사.
김보일(2016. 5. 1.). 배움과 가르침, 이야기의 싹. 한국교육신문.
김숭운(2009). 미국교사를 보면 미국교육이 보인다. 상상나무.
김현경(2023). 프랑스의 학부모 학교 참여 활동 현황. 수탁연구자료 CRM 2023-01, 2023년 1월호 해외교육동향 기획기사. 한국교육개발원 교육정책네트워크센터.
김현경(2023. 1. 11.). 프랑스의 학부모 학교 참여 활동 현황. 교육정책네트워크 정보센터.
물빛(2023. 10. 23.). 아름다운 학교 선덕여자중·고등학교 정원. blog.naver.com/ksy54000/223227395910
박남기(2002). 미국의 초등학교 깊이 보기. 장미출판사.
박노해(2021). 걷는 독서. 느린걸음.

박노해(2018. 7. 5.). 박노해의 걷는 독서. 페이스북.

백승호(2023. 5. 24.). 교권침해·생활지도 어려움으로 교단 떠난다. 한국교육신문.

변은자(2021. 3. 13.). 프랑스 며느리가 말하는 교육. blog.naver.com/bej7215/222274434874

이민경(2016). 프랑스의 민주적 학교문화 고찰: 중등학교 의사결정구조를 중심으로. 한국교육학연구, 22(1), 259-281.

이수지(2023. 4. 29.). 살레시오수녀회 최수경 수녀 "교육은 세상 변화시킬 수 있는 힘". 뉴시스.

이영자(1994. 9.). 프랑스-학생·학부모·교사 대표 학교·학급운영 평가에 직접 참여. 중등우리교육.

이오덕(1990). 울면서 하는 숙제. 산하.

이지현(2022). 프랑스 교육처럼. 지우출판.

이혜원(2017. 12. 6.). "글 못 읽는 학생 너무 많아" 캘리포니아 교사들, 주정부 고소. 뉴시스.

정일화(2020). 새내기 교사론. 한국학술정보.

정일화(2021). 「진짜 문제」. 백수문학 96호.

정일화(2022). 「봄풀」. 백수문학 98호.

정일화, 김현식, 이수용, 서미라, 송미나, 나용인(2024a). 수석교사가 콕 짚어 주는 핵심 교직실무. 학지사.

정일화, 장필준, 한동수, 이승현, 이정우, 이청아, 서유정, 송재우(2024b). 건투를 빌어요. 크루.

주삼환, 이석열, 정일화(2009). 미국의 최우수 학교, 블루리본 스쿨. 학지사.

최보기(2016. 10. 12.). '고전, 어떻게 읽을까?': 노벨상 수상의 비결은 고전 읽기. 경향신문.
최선양(2020). 프랑스 학교에 보내길 잘했어. 마더북스.
한혜란(2021. 6. 18.). '토론은 폭력의 포기인가' 코로나19 속 치러진 프랑스 대입시험. 연합뉴스.
한혜란(2021. 6. 22.). 수험생도, 교사도 처음…프랑스 대입 구술시험 첫날 풍경. 연합뉴스.
허주, 이희현, 김혜진, 권순형, 최원석, 김민규(2023). 한국초등교원종단연구(Ⅲ). KEDI 연구보고서 RR 2023-17.

EBS (2014). 사회운동가 헬렌 켈러. 클립뱅크. www.youtube.com/watch?v=69QVgx1JWyo
EBS(2011. 5. 31.). '마더 쇼크' 2부, 엄마 뇌 속에 아이가 있다. EBS 다큐 프라임.

Banner, J. & Cannon, H. (2017). *The elements of teaching*. Yale University Press.
CBS News. (2017. 7. 17.). Real-Life 'Mr. Holland's Opus': Hundreds Of Former Students Surprise Retired Oklahoma High School Music Teacher. www.cbsnews.com/philadelphia/news/real-life-mr-hollands-opus-hundreds-of-former-students-surprise-retired-oklahoma-high-school-music-teacher
Clark, R. (2004). *Excellent 11: Qualities Teachers, and Parents Use to Motivate, Inspire, and Educate Children*. Hachette Book Group.

Clark, R. (2012). 꿈의 학교 론 클라크 아카데미 (*The End Of Molasses Classes: Getting Our Kids Unstuck-101 Extraordinary Solutions For Parents And Teachers*). (이주혜 역). 김영사. (원저는 2011년에 출판).

Davidson, M. (1992). 헬렌 켈러의 위대한 스승 애니 설리번 (*Helen Keller's teacher*). (김완균 역). 동쪽나라. (원저는 1965년에 출판).

Esquith, R. (2014). 당신이 최고의 교사입니다 (*Real Talk for Real Teachers: Advice for Teachers from Rookies to Veterans: "No Retreat, No Surrender!"*). (박인균 역). 추수밭. (원저는 2013년에 출판)

Freire, P. (2000). 프레이리의 교사론 (*Teachers as Cultural Workers: Letters to Those Who Dare Teach*). (교육문화연구회 역). 아침이슬. (원저는 1997년에 출판).

Gardner, H. (1993). *Multiple intelligences: The theory in practice*. New York: Harper Collins.

Hesse, H. (2001). 수레바퀴 아래서 (*Beneath the Wheel*). (김이섭 역). 민음사. (원저는 1906년에 출판).

Howard, G. (2016). *We can't teach what we don't know: White teachers, multiracial schools*. Teachers College Press.

Sergiovanni, T., Starratt, R., & Cho, V. (2018). 장학론 (*Supervision: A redefinition*). (이윤식, 한유경, 김병찬, 정제영, 박상완, 김화영 역). 아카데미프레스. (원저는 2013년에 출판).

James, E., Allen, S., Robert, A., & Jennifer, M. (2022. 7. 12). Public Education Leadership Project at Harvard University. Harvard

Business School. projects.iq.harvard.edu/files/pelp/files/pel006p2.pdf

Hilton, J. (2005). 굿바이 미스터 칩스 (*Goodbye, Mr. Chips*). (김기혁 역). 문예출판사. (원저는 1934년에 출판)

Keller, H. (1985). 나의 스승 설리번 (*Teacher: Anne Sullivan Macy*). (김명신 역). 문예출판사. (원저는 1955년에 출판).

Keller, H. (1996). *The Story Of My Life*. Dover Published. (원저는 1903년에 출판).

Keller, H. (2009). 헬렌 켈러 자서전 (*The Story Of My Life and Optimism*). (김명신 역). 문예출판사. (원저는 2005년에 출판).

Lemonde. (2021. 6. 17.). Baccalauréat : à l'oral, la France « peut mieux faire. www.lemonde.fr/societe/article/2021/06/17/bacccalaureat-a-l-oral-la-france-peut-mieux-faire_6084515_3224.html#xtor=AL-32280270-%5Bdefault%5D-%5Bios%5D

Marzano, R., Pickering, D., & Pollock, J. (2010). 학업성취 향상 수업전략 (*Classroom instruction that works: Research-based strategies for increasing student achievement*). (주삼환 · 정일화 역). 시그마프레스. (원저는 2001년에 출판).

Metz, P. (2004). 배움의 도(*The Tao of Learning*). (이현주 역). 민들레. (원저는 1998년에 출판).

Roy, G. (2003). 내 생애의 아이들 (*Ces enfants de ma vie*). (김화영 역). 현대문학. (원저는 1993년에 출판).

Russell, B. (2009). *The basic writings of Bertrand Russell*. Routledge.

Schleske, M. (2014). 가문비나무의 노래 (*Klangbilder*). (유영미 역). 니

케북스. (원저는 2011년에 출판).

Shapiro, J. & Stefkovich, J. (2011). 교육윤리 리더십: 선택의 딜레마 (*Ethical Leadership and Decision Making in Education: Applying Theoretical Perspectives to Complex Dilemmas*). (주삼환·정일화 역). 학지사. (원저는 1995년에 출판).

Shulman, L. (2004). *The wisdom of practice: Essays on teaching, learning, and learning to teach*. Jossey-Bass. p. 504.

Silverstein, S. (2000). 아낌없이 주는 나무 (*The giving tree*). (이재명 역). 시공주니어. (원저는 1964년에 출판).

Smoot, B. (2011). 가르친다는 것은 (*Conversations with great teachers*). (노상미 역). 이매진. (원저는 2011년에 출판).

Van Manen, M. (2012). '가르친다는 것'의 의미 (*The Tone of Teaching: The Language of Pedagogy*). (정광순·김선영 역). 학지사. (원저는 1986년에 출판).

Whitaker, T. (2021). *What Great Principals Do Differently*. Taylor & Francis Distribution.

https://100.daum.net
https://terms.naver.com
www.afb.org/about-afb/history/helen-keller/books-essays-speeches/senses/three-days-see-published-atlantic
www.freedomwritersfoundation.org
www.khan.co.kr/economy/economy-general/article/201610121420001

www.lbschools.net/about/school-uniforms/uniforms/long-beach-press-telegram-letter-from

www.ldoceonline.com/ko/dictionary/take-the-lead-in-doing-something

www.presstelegram.com/2014/09/01/20-years-pass-since-long-beach-unifieds-historic-school-uniform-policy

www.ronclarkacademy.com

www.school.cbe.go.kr/bongyang-m/M01

www.thefreedictionary.com

www.viddsee.com/video/undefined/iml80?locale=zh

www.wikipedia.org

저자 소개

정일화 (Jeong, Ilhwa) fiatdoctorjohn@gmail.com
교육학 박사(교육행정 전공)

　충남고등학교, 지족고, 전자디자인고, 이문고, 옥천고, 영명고, 만년고, 영명중, 봉양중학교 임시교사, 교사, 수석교사를 거쳐, 현재 국가교육위원회 특별위원회 위원과 교육부 교육정책자문위원회 위원을 겸하고 있다.
　고향을 떠나 서울에서 사범대학 영어교육과를 졸업한 뒤, 1985년 4월 1일 충청북도 봉양면에 자리한 아이들 웃음이 꽃피는 정겨운 중학교에서 임시교사로 첫발을 내딛고, 태어난 대전에서 고등학교 수석교사로 정년퇴임을 맞았다. 현재는 초등학교 운영위원장으로 역할하고 정부세종청사의 유치원 과정이 더해진 어린이집에서 아이들과 생활하며 대학에 출강한다.
　2008년부터 충남대학교 대학원과 학부에서 교장학, 장학론, 교육경영론, 교육인사행정론, 교육행정이론, 교육행정 및 교육경영, 교육행정사례연구법, 교직실무, 교육실습의 이론과 실제를 강의해 오고 있다. 공주교육대학교, 목원대학교, 서원대학교에서 교사론 등을 강의했다.
　출간한 책으로는 『핵심 교직실무』 『새내기 교사론』 『건투를 빌어요』 『초등 수업 설계 및 운영의 실제』 『중등 수업 설계 및 운영의 실제』 『해법 교직실무』 『수업분석과 수업코칭』 『교육행정 및 교육경영』 4판·5판·6판, 『미국의 최우수 학교 블루리본 스쿨』 『사례와 판례로 이해하는 학교폭력의 예방과 대책』 『교육행정 사례연구』 『교육행정철학』 『알파스쿨』 『초등교직실무』 저자의 논문집인 『교육정책과 교육행정 탐구』, 번역서로 『교육윤리 리더십』 『학업성취 향상 수업전략』, 시집은 『첫눈』이 있다.

영화가 그린 교육, 교육자를 기린 영화
가르치는 길
The Path of Teaching: Films That Depict Education and Honor Educators

2025년 3월 25일 1판 1쇄 인쇄
2025년 4월 1일 1판 1쇄 발행

지은이 • 정일화
펴낸이 • 김진환
펴낸곳 • ㈜**학지사**

04031 서울특별시 마포구 양화로 15길 20 마인드월드빌딩
대표전화 • 02-330-5114 팩스 • 02-324-2345
등록번호 • 제313-2006-000265호

홈페이지 • http://www.hakjisa.co.kr
인스타그램 • https://www.instagram.com/hakjisabook

ISBN 978-89-997-3389-5 03370

정가 15,000원

저자와의 협약으로 인지는 생략합니다.
파본은 구입처에서 교환해 드립니다.

이 책을 무단으로 전재하거나 복제할 경우 저작권법에 따라 처벌을 받게 됩니다.

출판미디어기업 **학지사**

간호보건의학출판 **학지사메디컬** www.hakjisamd.co.kr
심리검사연구소 **인싸이트** www.inpsyt.co.kr
학술논문서비스 **뉴논문** www.newnonmun.com
교육연수원 **카운피아** www.counpia.com
대학교재전자책플랫폼 **캠퍼스북** www.campusbook.co.kr